GABRIELE LIESENFELD

PIA UND DAS GLÜCK

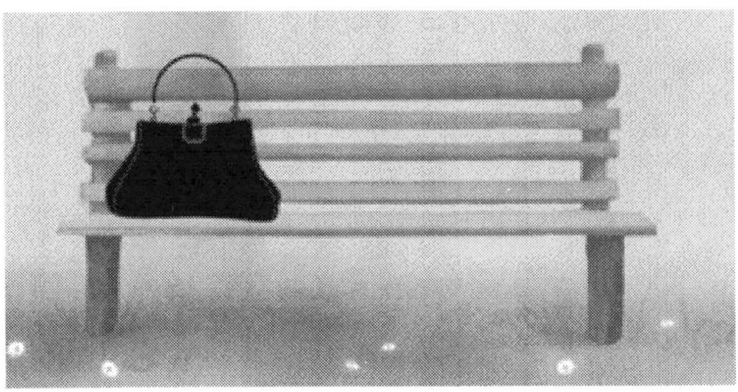

Eine wundersame Begegnung mit dem Sinn des Lebens

Impressum

Deutschsprachige Erstausgabe März 2023

Gabriele Liesenfeld / Herrenstr.22 / 3062 Totzenbach / liesenfeld@aon.at

Layout & Lektorat: Heidi Hofmann heidi253.hofmann@gmail.com

Herstellung und Verlag: 1. Auflage Wundermeer Verlag

Taschenbuch ISBN: 978-3-9519718-0-3
Hardvover ISBN: 978-3-9505294-9-4

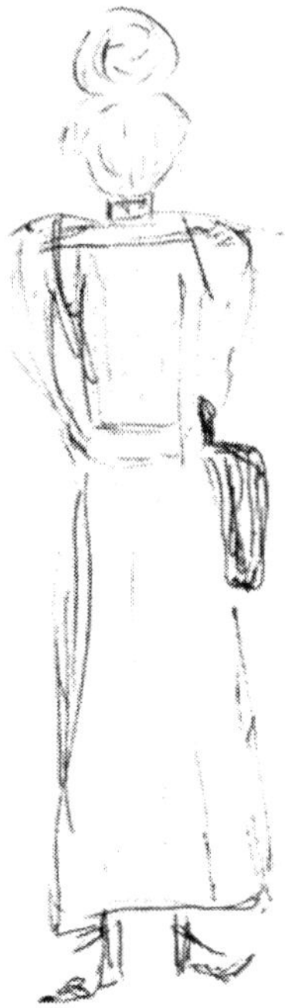

Was du jetzt Gegenwart nennst, ist bereits Vergangenheit.
Das Ergebnis deiner vergangenen Vorstellungen.
Bleib nicht hängen in der Vergangenheit.
Kämpfe nicht mit der vermeintlichen Gegenwart.
Genieße jede Minute und sei so glücklich wie möglich.
Was für eine wundervolle Zukunft dann auf dich wartet!

Gabriele Liesenfeld

Vorwort

Dieses Buch ist für all die, die nur ein bisschen glücklich sind. Oder die nicht besonders oft glücklich sind. Oder die sich nicht mehr so recht erinnern können, wie sich Glück anfühlt. Eigentlich ist es für uns alle. Denn wir alle glauben manchmal, dass das Glück nicht auf unserer Seite ist. So geht es Pia, der Heldin dieses Buchs, die weder sich selbst noch ihr Leben so richtig leiden kann.

Dieses Buch ist für uns alle, denen das Herz ab und zu die Brust zerreißt, aber nicht vor Freude, sondern weil wir so viele Sorgen, einen Kummer oder Ängste haben. Es ist für uns alle, denen es nicht gefällt, sich so zu fühlen. Es ist für uns alle, die wir das Leben genießen und die Welt als unseren Verbündeten sehen wollen. Für uns, die wir uns geliebt und beschützt fühlen wollen.

Dieses Buch erinnert uns daran, dass wir glücklich sein können, dürfen und sogar müssen. Es erinnert uns daran, wie das funktioniert. Es erinnert uns daran, dass unser Glück in unseren Händen liegt. Das hat Pia, die Reisende im Buch, durch eine ganz einzigartige Begegnung gelernt.

Was geschieht, wenn wir uns auf die Reise zu uns selbst machen? Für die meisten von uns ist es eine Reise ins Ungewisse, denn wir wissen nicht, was uns am Ziel erwartet. Noch viel weniger wissen wir, welche Wendungen unser Weg nimmt. Wir können nur dafür sorgen, dass wir gerüstet sind. Unser Koffer ist vielleicht gepackt mit Werkzeugen, Methoden, Techniken, mit Hoffnung, Ungeduld und dem festen Vorsatz, glücklich zu werden.

Oder wir marschieren mit leichtem Gepäck. Mit Zuversicht, Hoffnung und Vertrauen.

Ein wenig unsicher sind wir wohl auch. Wer weiß, was wir finden, wenn wir uns selbst gefunden haben? Wer sind wir überhaupt und wird uns gefallen, wer wir sind? Denn da muss es doch etwas geben, was wir noch nicht über uns gewusst haben! Etwas, das endlich die Lösung für all unsere Probleme ist. Das ist es, was wir alle wollen: Die Lösung finden für unser Leben, glücklich sein, aufatmen können. Vielleicht sogar noch herausfinden, welchen Sinn das alles hat, welche besondere Aufgabe uns zugedacht ist oder ob das gar nicht mehr nötig ist, wenn wir glücklich sind.

Für viele Menschen ist diese Reise zu sich selbst eine beschwerliche und so war es auch für Pia in diesem Buch. So lange, bis sie Petunia traf. Von da an war alles anders.

Ich weiß nicht, wie es sich bei dir verhält. Bist du auf der Suche? Hast du dich entschlossen, nicht zu suchen und willst dich finden lassen? Hast du die Suche aufgegeben? Oder hast du noch nicht einmal darüber nachgedacht, ob es etwas zu finden gibt?

Ich glaube, wir sind alle auf einem Weg, ob wir uns dessen bewusst sind oder nicht. Wir gehen von irgendwo nach irgendwo und es ist der Weg, den es zu genießen gilt. Das Ziel ist nicht bedeutsam, denn unser Leben besteht aus dem Weg, den wir gestalten.

Die Reise zu dir selbst ist also eine Reise, die immer weiter geht. Ich stelle mir unseren Weg als einen Pfad vor, der keinen Anfang und kein Ende hat und auf dem wir mal gemächlich spazieren, mal freudig vorwärtsstürmen und manchmal vielleicht um unser Leben rennen. Während wir uns auf diesem Weg bewegen, ändern sich die Jahreszeiten, die Landschaft, die Menschen, denen wir begegnen und unsere Definitionen von uns selbst.

Das Selbst, das wir suchen, ist immer schon da gewesen, hat uns niemals verlassen, hat immer darauf gewartet, gesehen zu werden. Wir müssen es weder suchen noch finden, sondern können uns darauf verlassen, dass es da ist und vollkommen ist.

Was wir entdecken können, ist ein innerer Friede und ein tiefes Glücksgefühl, das nur darauf wartet, sichtbar zu werden. Wir müssen ihm nur erlauben, an die Oberfläche zu kommen.

Darin liegt die Schwierigkeit. Meiner Erfahrung nach sind wir bei uns angekommen, wenn wir all den Schutt beiseite geräumt haben, der uns daran hindert, unser wahres Wesen zu entdecken. Ob wir ihn Stück für Stück beiseite räumen oder ihn wie mit einem Laserschwert durchdringen, das liegt an uns und unserem Weg.

Jeder Mensch hat einen eigenen, der so einzigartig wie ein Fingerabdruck ist. Ob er uns schwer oder leicht erscheint, das wiederum liegt tatsächlich an uns selbst.

An uns und unserer Bereitschaft, Freude zu empfinden. Das haben wir alle ein wenig verlernt, aber wenn wir diese Fähigkeit wiederentdecken, dann sind unserem Glück keine Grenzen gesetzt.

Pia lernt das in diesem Buch durch eine wundersame Begegnung. So wundersam, dass sie selbst kaum daran glauben kann.

Ich wünsche dir eine so wunderbare Reise wie Pia sie hatte oder noch viel wunderbarer!

Das Schicksal in Person

Wenn man nichtsahnend wie üblich vom Leben genervt ist und dann plötzlich von einem wolkenweichen Dutt aus der Bahn geworfen wird.

Sie war viel zu warm angezogen. Nicht einmal das konnte sie richtig machen. Ärgerlich riss Pia sich die Mütze vom Kopf und stopfte sie in ihre Manteltasche. Sie pfiff nach Herkules, der mal wieder auf der Suche nach Abenteuern, im Wald verschwunden war. Während sie weiter stapfte und sich dabei suchend nach dem kleinen Terrier umsah, entdeckte sie unter einer großen Eiche eine blaue Bank. Es war eine hübsche Holzbank. Ein wenig altmodisch wirkte sie, mit den gedrechselten Füßen und dem geschnitzten Blattwerk auf den Armlehnen. Aber das Himmelblau war frisch und hell, so als wäre das Bänkchen gerade eben erst gestrichen worden. Diese Bank war gestern definitiv noch nicht hier gewesen, als sie mit Herkules ihre tägliche Gassi Runde gedreht hatte.

Pia zuckte mit den Schultern, steuerte auf den willkommenen Sitzplatz zu und ließ sich mit einem tiefen Seufzer darauf nieder. Sie konnte ebenso gut hier auf Herkules warten, der sicher noch eine Weile mit den interessanten Gerüchen im Wald beschäftigt war.

Hier am Waldrand hatte sie einen wunderbaren Ausblick auf die Wiesen und den kleinen Bach, an dessen Rand sich frisches Grün zeigte. Pia strich sich das dunkle Haar aus dem Gesicht, knöpfte ihren Mantel auf und blinzelte in die Sonne. Wer auch immer auf die Idee gekommen war, genau hier eine Bank hinzustellen, dem schickte sie in Gedanken ein kleines Dankeschön.

Tief durchatmen, befahl sie sich selbst. Es ist alles ok. Du bist gar nicht so übel, wie du denkst. Schau dir lieber an, wie schön es hier ist und freu dich, dass dir jemand hier eine Bank hingestellt hat.

Pia versuchte, sich zu entspannen. Es fiel ihr schwer, tief zu atmen. Sie spürte eine innere Unruhe, die in letzter Zeit immer schlimmer geworden war. So als müsste sie etwas tun, ohne zu wissen, was sie tun sollte. Wieder bemühte sie sich, tief durchzuatmen.

Ich kann mich nicht mal entspannen. Nichts kann ich. Ich bin einfach unfähig, dachte sie missmutig. Pia war unzufrieden mit sich selbst, mit ihrem Job in der Teestube, mit ihrem nicht vorhandenen Liebesleben, mit ihrer Unfähigkeit, sich gegen die Vorwürfe ihrer Eltern zu behaupten und mit ihrem ganzen Leben, das von Tag zu Tag ereignisloser, langweiliger und frustrierender wurde. Nichts schien sich jemals zu verändern, nichts geschah, nichts schien mehr Freude zu machen. Pia hatte das Gefühl, als würde sie ständig nach einem Schlüssel suchen, über den alle anderen offenbar verfügten und der zu einer Tür passte, von der sie selbst noch nicht wusste, was dahinter liegen sollte.

Es war zwecklos. Pia spürte das bekannte Kribbeln im Bauch, das sich immer dann einstellte, wenn sie sich zu konzentrieren versuchte. Sie stand auf und sah sich nach Herkules um. Dann lief sie ein paar Schritte auf dem Waldweg entlang, pfiff nach ihrem Hund und lauschte. Nichts zu hören, nichts zu sehen. Es blieb ihr nichts anderes übrig als weiter zu warten. Irgendwann würde Herkules schon wieder auftauchen und immerhin konnte sie auf der Bank sitzen, statt albern herumzustehen. Sie drehte sich um und erstarrte.

Auf Pias himmelblauer Bank saß ein himmelblaues Fräulein. Zumindest ihr Kleid schien farblich mit der Holzbank zu verschmelzen. Das Fräulein selbst war rosig und weiß. Sie saß da, gelassenen Blicks und mit geradem Rücken. Ihr fedrig feines, weißes Haar war zu einem flaumigen Dutt hochgesteckt, der an ein Wölkchen erinnerte, das sich absichtsvoll auf dem Kopf der alten Dame niedergelassen hatte, um der irdischen Welt ein wenig näher zu sein. Und zu ihren Füßen saß Herkules und hechelte begeistert.

„Oh!“ Pia starrte auf das friedliche Bild, das der braun-weiße Terrier und das himmelblaue Fräulein abgaben. „Ich habe Sie gar nicht kommen sehen“, stammelte Pia verwirrt und strich sich nervös übers Haar, während sie zögernd auf die Bank zuging.

Die alte Dame lächelte nachsichtig. „Nein, das haben Sie wohl nicht. Da bin ich nun also. Möchten Sie sich zu mir setzen? Es ist so ein schöner Tag.“

Pia nahm neben der zierlichen alten Dame Platz und fühlte sich eigenartigerweise, als wäre Sie zum Tee in den Salon einer Herzogin eingeladen worden. Herkules sprang neben ihr auf die Bank und leckte ihre Hand, um sich für sein langes Fortbleiben zu entschuldigen. Pia befestigte die Leine an seinem Halsband, damit er nicht wieder davonlaufen konnte.

„Ein netter Hund“, sagte das ältliche Fräulein im Plauderton. „Wir hatten eine interessante Unterhaltung“.

Pia sah misstrauisch auf. „Sie haben sich mit meinem Hund unterhalten?“

„Ja natürlich! Alles andere wäre unhöflich gewesen.“ Die alte Dame lächelte gütig. „Aber wo bleiben denn meine Manieren! Ich habe mich ja noch gar nicht vorgestellt. Ich bin Petunia. Ich freue mich sehr, Sie kennenzulernen, Pia.“

Pia blinzelte verwirrt. „Woher kennen Sie denn meinen Namen?“

„Herkules hat ihn mir natürlich verraten“, antwortete Petunia mit hochgezogenen Augenbrauen, als wäre es selbstverständlich, dass Hunde Auskunft über ihre Besitzer geben.

Herkules fühlte sich durch die Erwähnung seines Namens offenbar dazu ermutigt, seinen Senf dazu zu geben und bellte kurz und bestätigend. Pia beschlich das deutliche Gefühl, dass sie es mit einer Irren zu tun hatte. Sie beäugte Petunia vorsichtig und vermutete, dass keinerlei körperliche Bedrohung von ihr ausgehen würde.

„Kann ich Ihnen vielleicht irgendwie helfen?", fragte Pia vorsichtig. „Kann ich Sie irgendwohin bringen, oder so?"

Petunia ließ ein melodiöses kleines Lachen ertönen. Es klang tatsächlich, als würden Glöckchen läuten. „Ich wüsste wirklich nicht, wie Sie mir helfen könnten, mein liebes Kind. Eigentlich bin ich davon ausgegangen, dass ich Ihnen behilflich sein kann. In Ihrem Zustand kann man sie doch kaum allein auf die Straße lassen!"

„In meinem Zustand?", fragte Pia verblüfft und ein wenig beleidigt. „Was soll das denn für ein Zustand sein?"

„Ein verwirrter, zweifelnder, unglücklicher Zustand natürlich", antwortete Petunia gelassen. „In einem solchen Zustand kann Ihnen alles Mögliche geschehen, das Sie nicht willkommen heißen würden, wenn es geschähe. Ich neige dazu, einen solchen Zustand zu vermeiden und einem glücklichen den Vorzug zu geben. Stimmen Sie mir da nicht zu?"

Pia lachte bitter. „Da stimme ich Ihnen durchaus zu. Blöd nur, wenn man gerade eben nicht glücklich ist", sagte sie sarkastisch. „Als könnte man das mit dem Glücklichsein so einfach ändern. Schließlich gibt es Umstände, die dafür sorgen, dass man nicht glücklich ist und die man eben nicht so einfach ändern kann!"

„Das ist eine sehr ungesunde Ansicht", sagte das himmelblaue Fräulein mahnend und beäugte Pia streng. „Zudem ist es eine falsche Ansicht und es wird Zeit, dass Sie lernen, glücklich zu sein. Ich sagte doch, dass ich Ihnen behilflich sein kann." Sie klopfte Pia begütigend aufs Knie, was Herkules freudig zum Anlass nahm, Petunias Hand zu lecken. „Wären Sie denn nicht gern glücklich?"

Pia schnaubte. „Natürlich wäre ich gern glücklich. Das will doch jeder! Aber ich bin Mitte dreißig, habe einen miesen Job, kein Liebesleben, das der Erwähnung wert wäre, bin eine Versagerin auf allen Ebenen, habe Eltern, die ständig an mir herumnörgeln und lebe das langweiligste Leben, das man sich nur vorstellen kann!"

Petunia sah Pia nachsichtig an. „Ich bin keine Problembewunderin, müssen Sie wissen. Sie sollten diese Vorliebe auch aufgeben. Ist es nicht viel angenehmer, sich auf die schönen Dinge des Lebens zu konzentrieren?"

„Ich bewundere meine Probleme doch nicht! Was für ein Schwachsinn! Probleme sind nun mal da und müssen gelöst werden!"

„Finden Sie nicht, dass das eine Ansicht ist, die ein wenig aus der Mode gekommen ist?" Gütig lächelnd tätschelte Petunia erneut Pias Knie. „Man sollte immer mit der Zeit gehen und Neues entdecken! Nur Mut, Ihre Sorgen sind vorbei und morgen starten wir mit der ersten Lektion. Ich würde vorschlagen, wir treffen uns wieder hier. Es ist so ein reizender Ort und eine so hübsche Bank." Mit diesen Worten stand Petunia auf, ergriff ihre riesige schwarze Handtasche, die Pia jetzt erst bemerkte und marschierte munter mit kleinen Schrittchen den Weg in den Wald hinein. Dann war sie verschwunden.

Mit wackligen Knien und dem Gefühl, als würde sie durch dichten Nebel gehen, machte auch Pia sich auf den Heimweg.

Am Abend im Bett dachte Pia lange über die seltsame Begegnung nach. Herkules schnarchte zufrieden auf seiner Decke zu ihren Füßen. Mit den Zehen streichelte sie seinen Bauch und seufzte tief. Wahrscheinlich nur eine verrückte Alte, dachte sie. Wobei es wirklich schön wäre, wenn

Petunia sowas wie ein Schutzengel wäre, den mir der Himmel geschickt hat. Pia fragte sich, ob das seltsame Fräulein tatsächlich wieder auftauchen würde. Sie hoffte es, dachte an das federleichte Haar der merkwürdigen kleinen Dame in Himmelblau und dann schlief sie ein.

Der Wecker läutete wie immer um 6 Uhr. Pia weigerte sich, die Augen aufzumachen. Ihre Lider waren so schwer, als hätte jemand einen Kleinwagen darauf geparkt. Das war jeden Tag so, also wenig überraschend. Am liebsten wäre sie liegengeblieben. Dann müsste sie sich nicht anziehen, Herkules nicht vor die Tür lassen, keinen Kuchen in der Teestube servieren, nicht reden und nicht darüber nachdenken müssen, warum sie so ein langweiliges Leben hatte.

Sie bemühte sich, den geparkten Kleinwagen hoch zu stemmen und blinzelte verschlafen in die Sonnenstrahlen, die durch die Jalousien ins Zimmer fielen. Herkules sprang vom Bett und streckte sich ausgiebig. Dann kläffte er auffordernd und Pia zwang sich mit übermenschlicher Anstrengung dazu, ebenfalls aufzustehen.

Müde schlurfte sie ins Badezimmer und nahm sich vor, erst nach dem ersten Kaffee in den Spiegel zu schauen. Plötzlich fiel ihr Petunia wieder ein und ihre trübe Stimmung hob sich ein wenig. Mal sehen, dachte sie, nicht zu früh freuen, damit ich später nicht enttäuscht bin. Und dann ärgerte sie sich über sich selbst, weil sie tatsächlich hoffte, dass dieses komische alte Fräulein irgendwie hilfreich sein könnte.

Eine halbe Stunde später war sie, mit Herkules an der Leine, unterwegs zu der Teestube, in der sie jeden Vormittag arbeitete. Der kleine Terrier zog sie eifrig voran. Er liebte die Vormittage und hielt es für seine Aufgabe, jeden einzelnen Kunden persönlich zu begrüßen. Das machte er mit großem

Charme und freundlichem Schwanzwedeln, so dass Pias Chefin Margot nichts dagegen hatte. Tatsächlich hatte sie einen Narren an Herkules gefressen und fütterte ihn heimlich mit den Resten ihrer Frühstückscroissants, wenn sie glaubte, dass Pia es nicht bemerkte.

Die Stunden bis zum Mittag dehnten sich und Pia sah noch häufiger auf die Uhr als sonst. Sie musste sich eingestehen, dass sie es kaum erwarten konnte, Petunia wiederzusehen. Kurz nach 13 Uhr zog sie ihren Mantel an, nahm Herkules an die Leine und verließ die Teestube.

Als sie die große Wiese erreichte, ließ sie den kleinen Terrier laufen, der sich sofort auf die Jagd nach unvorsichtigen Mäusen begab. Pia lief am Waldrand entlang und hielt Ausschau nach der himmelblauen Bank. Insgeheim befürchtete sie, dass sie sich alles nur eingebildet hatte und war sehr erleichtert, als sie an der alten Eiche ankam und dort Petunia sah, die in sehr aufrechter Haltung auf der Bank saß und die zierlichen Füßchen elegant gekreuzt hatte. Ihre Hände ruhten auf ihrem Schoß und sie hatte das rosige Gesichtchen mit geschlossenen Augen der Sonne zugewandt. Sie trug wieder das altmodische, himmelblaue Kleid und der Wölkchendutt ihrer weißen Flaumhaare thronte auf ihrem Kopf wie ein Wesen aus einer anderen Welt.

„Ist das nicht ein wunderbarer Tag?“, fragte sie mit noch immer geschlossenen Augen. „Sie sehen wesentlich fröhlicher aus als gestern und das freut mich sehr.“ Noch ehe Pia sich fragen konnte, wie Petunia das mit geschlossenen Augen beurteilen konnte, fuhr diese fort: „Ist es nicht wunderbar, wie die Hoffnung aus uns glücklichere Menschen macht?“ Sie öffnete die Augen und warf Pia einen gütigen Blick zu. Mit einer einladenden Geste deutete sie neben sich und Pia setzte sich gehorsam auf die Bank, wobei sie sich bemühte, ihre Füße ebenso elegant zu kreuzen wie Petunia.

Herkules allerdings hatte wenig übrig für Eleganz und sprang so begeistert an der alten Dame hoch, dass Pia ihn schnell am Halsband packte. Seine Pfoten waren dreckig von der Mäusejagd und sie befürchtete, dass er das himmelblaue Kleid der alten Dame beschmutzen würde. Aber wie durch ein Wunder hinterließen seine Pfoten keine Spuren auf dem weichen Stoff.

Petunia kraulte den aufgeregten Hund hinter den Ohren. „Mein lieber Herkules, ich bin ebenso erfreut, dich wiederzusehen. Ich übernehme jetzt und du kannst deiner eigenen Wege gehen, wenn du Lust darauf verspüren solltest.“ Herkules leckte Petunia die Hand und lief in den Wald.

Pia schwirrte der Kopf. Sie musste dringend darüber nachdenken, wie es möglich war, dass Petunia mit geschlossenen Augen sehen konnte, ihr Kleid schmutzresistent war und sie ganz offensichtlich vernünftige Unterhaltungen mit Hunden führte.

„Dazu ist jetzt keine Zeit“, erwiderte Petunia, als hätte Pia ihre Gedanken laut ausgesprochen. „Sie sind doch nicht hier, um über noch mehr Probleme nachzudenken, oder? Sie sind hier, weil Sie glücklich sein möchten. Was übrigens ein sehr viel lohnenderes Vorhaben ist.“ Sie warf Pia einen mahnenden Blick zu, die sich daraufhin noch gerader hinsetzte. Sie hatte das Gefühl, dass sie etwas Bedeutendes zu der Konversation beitragen sollte.

„Ich bin bereit!“, sagte sie also feierlich und kam sich im selben Augenblick albern vor und alles andere als „bereit“.

Petunia lächelte fein. „Ich schlage vor, wir beginnen mit der ersten Lektion.“ Und so begann Pias Reise zum Glück.

Die Reise beginnt

Es gibt schlechtere Orte als eine himmelblaue Bank, wenn man mit der Nase aufs Wesentliche gestoßen wird.

„Wir sollten die Zeit nutzen, die wir miteinander haben. Schließlich wollen wir doch so etwas Schönes nicht verschwenden, nicht wahr?“ Pia nickte vorsichtig. Petunias wenige Worte hatten dafür gesorgt, dass sie ein schlechtes Gewissen bekommen hatte. Wie viel Zeit verschwendete sie eigentlich täglich? Und wofür? Aber es blieb keine Zeit, diesen Gedanken weiter zu verfolgen, denn Petunia räusperte sich und blickte Pia gedankenvoll an.

„Es wird Zeit, dass Sie sich darüber klar werden, was sie wollen. Also: was wünschen Sie sich?“

Mit dieser Frage hatte Pia nicht gerechnet. Tatsächlich hatte sie noch gar nicht darüber nachgedacht, womit sie zu rechnen hätte. Sie kam sich vor wie in einem seltsamen Traum und ihr Verstand schien noch weniger zuverlässig zu funktionieren als er das normalerweise tat.

„Ich schätze ... naja ... eigentlich weiß ich gar nicht so genau, was ich mir wünsche. Also natürlich Geld, denke ich. Und einen Mann. Und einen besseren Job.“ Pia sah unsicher auf ihre Füße, die in ausgetretenen braunen Stiefeln steckten, zumindest aber immer noch einigermaßen elegant gekreuzt waren. „Was halt alle wollen. Geld, Liebe und so weiter. Und Gesundheit natürlich.“ Pia überlegte. „Frieden auf der Welt und dass alle Menschen genug zu essen haben.“ Ihr war gerade noch eingefallen, dass ihre Wünsche bisher wohl zu selbstsüchtig geklungen hatten und war stolz auf sich, dass sie sich Petunia als Mensch präsentieren konnte, der das Wohl der ganzen Welt im Auge hatte.

Die hatte mittlerweile ihre Füße nebeneinander auf den Boden gesetzt, die Augenbrauen hochgezogen und sich noch ein wenig aufrechter hingesetzt, was ihr das Aussehen einer befehlsgewohnten Gouvernante gab. „Ehrlichkeit ist eine Tugend, die nicht zu unterschätzen ist. Ich möchte meine Frage also noch einmal wiederholen. Was wünschen Sie sich wirklich?"

Pia war ein wenig beleidigt, dass man ihr so leicht auf die Schliche gekommen war. „Was weiß ich! Ich will einfach nur, dass dieses ganze fade Einerlei, das ich mein Leben nenne, aufhört! Ich will glücklich sein. Einfach nur happy und, und ... na ja, das ist alles."

Ein Lächeln breitete sich auf dem rosigen Gesicht des alten Fräuleins aus und der wolkenweiche Dutt wackelte zustimmend. „Das ist doch ganz wunderbar. Sie haben also erkannt, dass Sie glücklich sein möchten. Ich finde, wir haben bereits einen unerwarteten Durchbruch erzielt!"

Pia fragte sich, was an dieser banalen Einsicht so bahnbrechend sein sollte, aber sie war froh, dass die Gouvernante wieder dem freundlichen Fräulein gewichen war, das jetzt erklärte: „Das ist es, was alle Menschen wollen - glücklich sein. Die meisten erkennen jedoch nicht, dass das das einzig lohnenswerte Ziel ist und dass es eigentlich gar kein Ziel ist. Denn wenn es ein Ziel wäre, dann würde das bedeuten, dass es irgendwo da draußen ist und wir es erreichen können. Das ist der Trugschluss." Petunia nickte zufrieden mit dem zierlichen Köpfchen, als wäre damit alles gesagt.

„Was für ein Trugschluss?", fragte Pia verwirrt. „Tatsache ist doch, dass ich unglücklich bin und glücklich sein möchte. Deswegen ist das mein Wunsch und mein Ziel, das ich irgendwie erreichen muss."

„Der Trugschluss besteht darin, dass Sie nicht erkennen, dass sie bereits glücklich sind." Petunia stach ihren filigranen Zeigefinger in Pias Richtung, um ihre Worte zu bekräftigen.

„So ein Quatsch! Ich bin eben nicht glücklich! Oder sehe ich etwa glücklich aus?“ Pia verdeutlichte diese Aussage mit einem grimmigen Gesicht. „Und gibt es etwa irgendetwas in meinem Leben, das mich glücklich macht? Mein öder Job, mein verwaistes Bett, meine nörgelnden Eltern, mein Konto, das im Minus ist?“ Triumphierend starrte Pia in Petunias Gesicht, als hätte sie einen großen Sieg errungen.

Petunia allerdings ließ ein perlendes Lachen hören und schüttelte amüsiert den Kopf. „Diese Naivität! Sehr putzig.“ Sie tätschelte Pias Knie und setzte sich bequemer hin. Nachdem sie ihr himmelblaues Kleid glattgestrichen hatte, fuhr sie mit freundlicher Stimme fort. „Das ist eben der von mir erwähnte Trugschluss. Sie fühlen sich unglücklich, weil sie gewisse Dinge nicht haben, von denen Sie glauben, sie würden Sie glücklich machen, wenn Sie sie erst haben. Tatsache ist, dass sie erst glücklich sein müssen, wenn Sie die Dinge haben wollen, von denen Sie jetzt annehmen, sie würden Sie glücklich machen, wenn Sie sie erst haben und sie fühlen sich unglücklich, weil sie glauben, Sie könnten erst glücklich sein, wenn Sie all diese Dinge haben. Denn Sie unterliegen dem Trugschluss, dass Sie nicht glücklich sein dürfen, weil Sie all diese Dinge nicht haben, von denen Sie glauben, Sie müssten Sie haben, um glücklich zu sein.“

Jetzt war es Petunia, die triumphierend das Kinn reckte, nachdem sie diese höchst erstaunlichen Sätze der verstummten Pia serviert hatte, als würde sie ein endgültiges Urteil über diese ganze Sache mit dem Glück verhängen. Die starrte Petunia mit offenem Mund an und fragte sich einmal mehr, ob die alte Dame nicht doch aus einer Anstalt entflohen sei.

Petunia hatte unterdessen den Kopf schief gelegt und schaute Pia forschend an. „Ich fürchte, wir werden ganz von vorne beginnen müssen“, seufzte sie dann. Sie schaute zum Waldrand und in diesem Augenblick kam Herkules aus dem Unterholz geschossen und lief mit wehenden Ohren auf die himmelblaue Bank zu. Vor Petunias Füßen bremste er und setzte sich gehorsam hin. Dann sah er das zierliche Fräulein mit seinen kandiszuckerbraunen Augen an, als wollte er sagen: „Sie haben mich gerufen?“

„Danke mein lieber Herkules, dass du so schnell gekommen bist.“ Petunia wandte sich Pia zu und befahl: „Schauen Sie sich Herkules an.“ Pia schaute und Herkules hüpfte auf ihren Schoß und versuchte ihr das Gesicht abzulecken. Pia musste lächeln und kraulte ihren kleinen Freund am Nacken, während sie sich darum bemühte, die nassen Liebesbezeugungen abzuwehren. „Sind Sie jetzt etwa nicht glücklich?“ Petunia betrachtete Pias versonnenes Lächeln. Überrascht schaute diese auf und strich sich das lange, dunkle Haar hinter die Ohren. Dann grinste sie verlegen. „Naja, in diesem Augenblick irgendwie schon. Herkules ist einfach zu süß. Ich sehe schon, worauf Sie hinauswollen. Aber ich bin eben nur in diesem Moment glücklich. Aber nicht im Allgemeinen. Und darum geht's doch!“

„Glück ist Glück. Ob einen Moment lang oder viele Momente lang.“ Petunia starrte Pia eindringlich an. „Dass Sie in diesem Moment glücklich sind, beweist, dass Sie glücklich sein können. Dass das Glück in Ihnen ist und hervorgelockt werden kann. Sie sind jetzt glücklich, obwohl Ihre Eltern noch immer gern nörgeln, Ihr Job der gleiche geblieben ist und Sie…“, Petunia hüstelte verlegen, „Sie noch immer keinen Mann in Ihrem Bett haben.“

Überrascht schaute Pia auf die alte Dame, die offensichtlich peinlich berührt von der exotischen Vorstellung war, Pia könnte mit einem Mann im Bett liegen und kicherte. „Sie sind wohl unverheiratet?“

Tadelnd runzelte Petunia die Stirn und rückte ihren flaumigen, weißen Dutt zurecht. „Lassen Sie uns beim Thema bleiben."

Pia hob Herkules von ihrem Schoß und setzte ihn auf dem Boden ab, um ihr Grinsen zu verbergen.

Petunia fuhr fort: „Viele Menschen haben diese irreführende Vorstellung von Glück als einem Zustand der Euphorie und Ekstase. Tatsächlich blüht Glück in uns auf und verschafft uns ein angenehmes Gefühl der Erleichterung, ein Gefühl, als wäre jedes Ding an seinem richtigen Platz. Auf dieses Gefühl folgt eine angenehme Art von Frieden, der in uns ruht. Ich bin sicher, Sie erleben das immer wieder, ohne es zu bemerken, aber ich kann Ihnen versichern, dass es geschieht. Jetzt geht es nur noch darum, diese Momente auszudehnen und schon verändert sich Ihr Leben!"

Pia schüttelte unzufrieden den Kopf. „Trotzdem sind die äußeren Umstände die gleichen! Der fehlende Mann in meinem Bett, der öde Job, meine Eltern, die mich anders haben wollen als ich bin. Nichts verändert sich, wenn ich Herkules streichle und einen Moment lang zufrieden bin, weil ich nicht an das ganze Zeug denke, an das ich sonst denke."

Petunia lächelte zufrieden. „Das haben Sie schön gesagt. Warum also sind Sie zufrieden?" Die Wangen der alten Dame wurden noch einen Hauch rosiger, als sie sich ein wenig vorbeugte und Pia auffordernd zunickte, wie eine Lehrerin, die sich die endlich richtige Antwort von ihrer schlechtesten Schülerin erhofft.

Pia überlegte. „Weil ich nicht an das ganze Zeug denke, an das ich sonst denke?"

„Heureka!" Petunia klatschte zierlich in die kleinen Hände. „Es ist nicht »das ganze Zeug«, wie Sie so richtig bemerken, sondern es sind Ihre Gedanken!" Als wäre damit alles gesagt, machte das himmelblaue Fräulein Anstalten aufzustehen, als wäre das Gespräch beendet.

„Moment mal!“ Pia wollte nicht so abgespeist werden. „Meine Gedanken habe ich ja nur, weil »das ganze Zeug« existiert! Wäre alles so, wie ich es will, bräuchte ich mir ja keine Gedanken darüber zu machen!“

„Eine interessante Vorstellung, nicht wahr?“, erwiderte Petunia fröhlich. „Wenn ich nicht an etwas denke, existiert es dann weiter? Sie sollten es ausprobieren. Wie wäre es, wenn Sie heute einfach nicht mehr an »das ganze Zeug« denken, sondern sich mit ein paar angenehmen Beschäftigungen ablenken würden? Schauen Sie sich einen lustigen Film an, tanzen Sie in der Küche und streicheln Sie unseren niedlichen Herkules hier.“ Mit diesen Worten beugte Sie sich zu dem kleinen Terrier, bedankte sich für seine unschätzbare Mitarbeit und stand tatsächlich auf, um zu gehen. „Wir sehen uns das nächste Mal wieder“, wandte sie sich an Pia.

„Morgen? Sehen wir uns morgen wieder?“, fragte Pia hoffnungsvoll.

„Wenn morgen das nächste Mal sein sollte, dann sehen wir uns tatsächlich morgen wieder.“ Petunia winkte mit einer Grandezza, die einer Königin würdig gewesen wäre und spazierte davon. Das letzte, was Pia von ihr sah, war das schneeflockenweiße Krönchen ihres Dutts, das langsam im Grün des Waldes verschwand.

Seufzend nahm Pia Herkules an die Leine und machte sich ebenfalls auf den Heimweg. Dabei wunderte sie sich, dass sie vergessen hatte, Petunia die Fragen zu stellen, die sie sich so fest vorgenommen hatte. Etwa, woher sie kam und wohin sie ging und wer zum Teufel sie eigentlich war. Morgen, dachte sie. Morgen werde ich sie ganz bestimmt fragen.

Am Abend, nachdem Pia pflichtbewusst einen ihrer Lieblingsfilme geschaut und sich in die amüsante Welt von Bridget Jones hatte hineinziehen lassen, streichelte sie Herkules, der alle Viere von sich gestreckt, neben ihr auf dem Sofa lag. Sie überlegte, ob sie in der Küche tanzen sollte, aber eigentlich hatte sie keine Lust. Sie fühlte sich seltsam wohl und wollte lieber noch ein wenig über das nachdenken, was Petunia ihr gesagt hatte. Da kam ihr eine Idee. Sie wollte das Wichtigste aufschreiben, denn auf ihr lausiges Gedächtnis konnte sie sich nicht verlassen. Sie kramte in ihrer Schreibtischschublade, in der sie einen Block vermutete und fand schließlich ein in roten Samt gebundenes Tagebuch, das sie sich vor einiger Zeit zugelegt hatte, in der vagen Absicht, bedeutende Ereignisse ihres Lebens festzuhalten. Nachdem aber nie auch nur das Geringste von Bedeutung in ihrem Leben passierte, waren die Seiten noch immer jungfräulich weiß.

Umso besser, dachte Pia und wühlte nach einem Kugelschreiber. Das wird jetzt eben mein Petunia-Tagebuch. Sie ging zurück zum Sofa und quetschte sich neben Herkules. Dann zog sie die Beine hoch, legte das Buch aufgeschlagen auf ihre Knie und begann zu schreiben.

Glück ist eine Ansammlung von zufriedenen Momenten, in denen einem alles genau richtig erscheint – die Welt ist genau richtig und man selbst auch. Wir erleben solche Momente immer wieder, oft ohne sie zu bemerken. Wir alle wollen glücklich sein und wir glauben, wir können nicht glücklich sein, solange wir nicht haben, was wir uns wünschen. Dabei können wir in jedem Moment glücklich sein, auch wenn das, was wir uns wünschen, noch nicht da ist. Eigentlich sind wir bereits glücklich, sonst hätten wir keine glücklichen Momente. Wenn wir glücklich sind, denken wir nicht an unsere Probleme. Wenn wir nicht an unsere Probleme denken, sind sie nicht mehr da. Deswegen müssen wir uns mit schönen Sachen ablenken, damit wir nicht mehr an unsere Probleme denken.

Pia betrachtete, was sie da soeben geschrieben hatte und kaute nachdenklich auf ihrem Kugelschreiber herum. Ob sie das alles richtig in Erinnerung behalten hatte? Es klang auf jeden Fall gut. Und machte ihr Hoffnung. Hatte Petunia nicht gesagt, dass ein wenig Hoffnung die Menschen gleich ein bisschen glücklicher machte? Vielleicht war ja doch nicht alles so kompliziert, wie sie immer gedacht hatte. In diesem Moment fühlte sie Dankbarkeit für Petunia und das machte sie ebenso glücklich wie die kleine Hoffnung. Sie musste sie unbedingt fragen, warum sie aufgetaucht war. Und dann dachte sie, dass es doch eigentlich ziemlich super war, dass ausgerechnet sie – Pia – so etwas erlebte.

Die Sache mit der Handtasche

Von Anziehungen und Abstoßungen. Die Welt funktioniert einfacher als man denken möchte.

Pia wachte schon vor dem Wecker auf, weil Herkules offenbar beschlossen hatte, dass der Tag viel zu schön sei, um noch länger liegen zu bleiben. Er kläffte fröhlich, als seine Besitzerin, wie erhofft, die Beine aus dem Bett schwang und ihm die Tür zum Garten öffnete, wo er sich sofort auf die Jagd nach den Blaumeisen machte, die in den Haselnussbüschen zwitscherten.

Pia schaltete den Wecker aus, der empört, weil vergebens, klingelte und stellte fest, dass sie sich besser als sonst fühlte. Irgendwie beschwingter, weniger trübselig zumindest. Sie ging ins Bad und putzte sich die Zähne. Nachdem sie sich den Mund ausgespült hatte, warf sie einen vorsichtigen Blick in den Spiegel.

Wer bin ich eigentlich? Sie betrachtete ihr schmales Gesicht mit der ein wenig zu langen Nase, die sie nicht leiden konnte. Der Mund war ganz ok. Die Lippen ein wenig schmal vielleicht. Die Augen waren nicht schlecht. Dunkelblau, mit dichten schwarzen Wimpern. Die Augenbrauen dagegen eine Katastrophe. Ebenso schwarz wie die Wimpern und viel zu breit. Im Augenblick waren sie düster zusammengezogen, ein deutliches Zeichen für Pias Unzufriedenheit mit ihrem eigenen Aussehen. Beim nächsten Friseurbesuch würde sie diese Balken in Form zupfen lassen. Dann fuhr sie sich seufzend durchs Haar. Wann war sie eigentlich das letzte Mal wirklich beim Friseur gewesen? Sie konnte sich nicht erinnern, aber ihre langen dichten Haare sahen aus wie etwas, das man in der Truhe mit den Faschingskostümen aufbewahrte. Sie griff zur Bürste, fuhr sich damit energisch durch die Haare und fasste die dunklen

Strähnen mit einem Gummiring zu einem hohen Pferdeschwanz zusammen.

Pia beschloss, dass sie keine Ahnung hatte, wer sie sein könnte, aber ganz sicher wusste, dass es Zeit wurde für einen neuen Look. Sie verzichtete bewusst darauf, auf die Waage zu steigen. Lieber nichts riskieren, was mich deprimieren könnte, dachte sie.

Sie zog schwarze Jeans und ein langärmeliges weißes T-Shirt an, ihr übliches Outfit für die Teestube. Dann ließ sie Herkules herein, der schon an der Tür kratzte, weil es Zeit für seinen Morgensnack war. Zehn Minuten später waren sie unterwegs.

Auf dem Weg zur Arbeit erinnerte sich Pia daran, dass Petunia ihr geraten hatte, sich mit Gedanken an schöne Dinge abzulenken. Der Blick in den Spiegel und die darauffolgende Bestandsaufnahme hatten ihr die Laune verdorben und sie brauchte dringend ein paar hübsche Gedanken. Allerdings fiel ihr nichts ein und so hielt sie Ausschau nach einer Inspiration.

Eine Frau in atemberaubend hohen High Heels kam ihr entgegen. Perfektes Haar, perfektes Kostüm und natürlich perfekte Handtasche. Pia schielte beim Vorbeigehen auf die sündhaft teure Prada Tasche, die sie neulich in einem Magazin bewundert hatte. In diesem Moment sackte ihre Laune in den Keller. Mit einer Mischung aus Scham und Wut starrte sie auf ihre abgewetzten Stiefel und marschierte weiter. Von wegen, schöne Gedanken, dachte sie ärgerlich. Petunia ist eben doch nur eine verrückte Alte, die Unsinn brabbelt. Ich werde mir diesen Unsinn nicht mehr anhören.

Am Ende ihrer Schicht allerdings machte sie sich doch wieder auf den Weg zur himmelblauen Bank. Sie wollte Petunia zumindest unter die Nase reiben, welchen Blödsinn sie verzapfte und dass sie – Pia – nicht auf das Geschwätz hereinfallen würde.

Mit diesem festen Vorsatz stürmte sie, mit Herkules an der Leine, über die große Wiese und steuerte auf die Bank zu. Dort saß Petunia, die große schwarze Handtasche auf dem Schoß und blickte ihr geduldig entgegen.

„Da scheint ein Gewitter aufzuziehen“, bemerkte sie gleichmütig, während sie Pias zornige Miene betrachtete. „Mein liebes Kind, ich schlage vor, sie beruhigen sich ein wenig. Darf ich Ihnen einen Tee anbieten?“ Die alte Dame öffnete ihre Handtasche und holte eine mit zierlichen Rosen verzierte Porzellantasse samt Unterteller heraus. „Der Tee ist noch schön heiß“, sagte Petunia zufrieden und tatsächlich stieg wohlriechender, feiner Dampf aus der Tasse. Er duftete nach Maiglöckchen, fand Pia. Sie nahm die Tasse entgegen und blies vorsichtig hinein. Dann setzte sie sich zu Petunia auf die Bank und nahm einen kleinen Schluck. Köstlich. Sie sollte Petunia nach der Sorte fragen, die würde bestimmt der Renner in der Teestube werden.

Dann ging ihr auf, wie seltsam es war, dass Petunia ihr Tee aus ihrer Handtasche servierte, aber bevor Pia das Thema anschneiden konnte, holte das himmelblaue Fräulein einen großen Kauknochen aus besagter Handtasche und hielt ihn Herkules vor die Nase. Der schnüffelte begeistert und ließ sich mit seiner Beute unter der Bank nieder.

Pia trank ihren Tee.

„Ist es nicht merkwürdig, wie die Menschen sich Dinge wünschen und sie dann ablehnen, wenn sie ihnen begegnen?“ fragte Petunia leise.

„Was meinen Sie damit? Warum sollte man so etwas tun?“

„Nicht wahr? Das ist doch sehr kontraproduktiv. Und dennoch geschieht es immer wieder. So wie es Ihnen heute Morgen passiert ist, erinnern Sie sich?“

Pia schüttelte verwirrt den Kopf. „Ich habe keine Ahnung, wovon Sie reden! Ich habe nichts abgelehnt, das ich mir gewünscht habe."

„Ich möchte Ihnen Ihre Begegnung mit einer gewissen Handtasche ins Gedächtnis rufen, die Sie in einem Magazin so sehr bewundert haben. Sie haben sich vorgestellt, wie wundervoll es wäre, so eine Handtasche zu besitzen, nicht wahr? Und als besagte Tasche Ihnen heute begegnet ist, haben sie mit Wut reagiert. Ich empfinde das als deutliche Ablehnung, würden Sie mir da nicht zustimmen?"

Pia öffnete den Mund ... und schloss ihn gleich darauf wieder. „Ich ... also, ich hab doch nicht die Tasche abgelehnt, ich war nur wütend auf die blöde Kuh, die die Tasche hatte! Weil, na ja, weil ICH die Tasche eben nicht hatte ... und, und dann..." Pia wusste nicht weiter. Neidisch war sie gewesen, gestand sie sich ein, schlicht und ergreifend neidisch und sie hatte gedacht, dass die blöde Kuh einfach nur eine aufgetakelte Tussi sei, die einen reichen Mann hat. Plötzlich schämte sie sich.

Petunia lächelte begütigend. „Sie brauchen sich nicht zu schämen. Es ist wunderbar, dass Sie dieses Erlebnis hatten. Ich schlage vor, wir sehen das Gute an diesem Ereignis, das Ihnen zu sehr wichtigen Erkenntnissen verhelfen wird."

„Und die wären?" Pia holte ein Taschentuch aus ihrer Manteltasche und wischte sich energisch über die Augen. Irgendwie war ihr zum Heulen zu Mute.

„Sie haben sich also diese Tasche gewünscht. Dann haben Sie sie an einer anderen Dame gesehen. Ihre Reaktion war Wut, Scham und die Ablehnung dieser Person, die im Besitz der Tasche war. Sie haben tatsächlich einige unschöne Schlussfolgerungen über die besagte Dame gezogen. Welche Schlussfolgerungen würden sie demzufolge über sich selbst ziehen, wenn SIE im Besitz der Tasche wären? Dass Sie selbst eine – Petunia hüstelte verlegen – aufgetakelte Tussi mit einem reichen Mann wären?

Das möchten Sie doch sicher nicht sein. Also wäre es Ihnen unmöglich, solch eine Tasche ihr Eigen zu nennen."

Pia riss die Augen auf. „Das ist doch Blödsinn! Was hat das denn mit meinem Wunsch zu tun? Um so eine Tasche zu kriegen, braucht man Geld. Und hätte ich Geld, würde ich sie mir einfach kaufen!"

„Aber Sie haben kein Geld, nicht wahr? Woran das wohl liegen mag? Aber lassen wir dieses Thema vorerst. Sagen Sie mir, meine liebe Pia, haben Sie sich wohl gefühlt nach dieser Begegnung mit der Handtasche?"

Pia zögerte und dann flüsterte sie: „Ich habe mich furchtbar gefühlt. Geschämt habe ich mich und ganz klein habe ich mich gefühlt und minderwertig ... und allein. Und neidisch auch und das will ich doch gar nicht sein!"

Petunia tätschelte tröstend Pias Knie. „Natürlich nicht. Niemand will sich schlecht fühlen. Sie hätten sich viel lieber froh und aufgeregt und ermutigt gefühlt, nachdem sie Ihre Wunschtasche in natura gesehen haben! Das wäre das angemessene Gefühl gewesen, nicht wahr? Kaum haben Sie sich diese Tasche gewünscht, taucht sie auch schon ganz in Ihrer Nähe auf! Ist das nicht ein Grund, sich zu freuen?"

Pia starrte die alte Dame verblüfft an. „So hab ich das noch gar nicht gesehen!"

„Dafür bin ich ja da. Um Sie sehen zu lassen, was zu sehen sich lohnt." Offenbar sehr zufrieden mit sich nahm sie Pia die leere Teetasse ab und versenkte sie samt Untertasse in ihrer schwarzen Handtasche. Herkules machte sich auf den Weg zum Bach. Der Kauknochen hatte ihn durstig gemacht.

„Gefühle sind wichtig, meine Liebe. Wie ich gestern schon erwähnt habe, streben alle Menschen nach Glück; und Glück bedeutet ja nichts anderes, als sich gut zu fühlen. Wir können also dafür sorgen, dass wir uns gut fühlen, um Glück anzuziehen. Und wie Sie gestern Abend selbst bemerkt haben, fiel es Ihnen gar nicht schwer, sich gut zu fühlen. Sie haben weniger an Ihre sogenannten Probleme gedacht, als vielmehr an die schönen Dinge, mit denen Sie sich beschäftigt haben."

„Ich verstehe aber immer noch nicht, wieso meine guten Gefühle mir die Dinge besorgen sollen, die ich haben will." Pia runzelte die Stirn. „Was haben Sie gerade gesagt? Dass ich Glück anziehen soll? Wie soll das denn funktionieren?"

Petunias Dutt wackelte bestätigend. „Sie haben gut aufgepasst, liebes Kind. Es ist tatsächlich eine Frage der Anziehung. Sie müssen sich das so vorstellen, als hätten Sie einen Magneten in Ihrem Bauch. Nur, dass dieser Magnet kein Metall anzieht – das wäre höchst schmerzhaft – sondern Sorgen, Glück, Wut, Hoffnung, Geld, Liebe oder eben die von Ihnen so bewunderten Prada Taschen. Je nachdem, auf welche Frequenz Ihr Magnet eingestellt ist, zieht er entsprechend in Ihr Leben, was zu dieser Frequenz passt."

Pia dachte nach. „Auf welche Frequenz mein Magnet wohl eingestellt ist?" Sie sah Petunia fragend an.

„Das erkennen Sie daran, wie Ihr Leben sich gestaltet und vor allem erkennen Sie es daran, wie Sie sich die meiste Zeit fühlen. Erinnern Sie sich noch, dass ich gestern bereits Ihren Zustand erwähnt habe, der mir ein eher trüber zu sein schien? Ich fürchte, Ihr Magnet ist derzeit in einem desolaten Zustand, entsprechend der Stimmung, in der Sie sich hauptsächlich zu befinden scheinen."

Entsetzt schaute Pia auf Petunia. „Aber das würde ja heißen, dass ich lauter trübe Dinge anziehe!"

Petunia nickte fröhlich. „Sie haben es begriffen! Auf den Punkt! Ich muss schon sagen, Ihr wacher Verstand ist die reinste Freude!"

Noch nie hatte jemand behauptet, dass sie einen wachen Verstand hätte und dass Petunia dieser Ansicht war, überraschte Pia und erfüllte sie mit einem gewissen Stolz.

„Welche Schlussfolgerung ziehen Sie also jetzt?" Petunia sah Pia auffordernd an - ganz wie eine Lehrerin ihre Lieblingsschülerin, von der sie große Dinge erwartet.

„Dass ich meinen Zustand verändern soll?", fragte Pia zögerlich. „Also, dass ich in fröhlicher Stimmung sein soll, damit schöne Sachen passieren?"

Petunia lächelte erleichtert. „Ganz genau. Sie haben es tatsächlich verstanden!" Sie griff nach ihrer schwarzen Handtasche und Pia befürchtete schon, dass sie gehen würde.

„Moment! Und wie geht es jetzt weiter? Ich kann doch nicht auf Knopfdruck meine Stimmung ändern! Und außerdem ... wer sagt mir, dass Sie recht haben?"

Petunia seufzte und stellte zu Pias Erleichterung ihre Tasche wieder ab.

„Lassen Sie mich raten. Als sie die von ihnen begehrte Tasche in diesem Magazin sahen ... was haben Sie da gedacht? Wie haben Sie sich gefühlt? Denken Sie nach!"

Pia dachte also nach. Zu diesem Zweck schloss sie die Augen und versetzte sich zurück in den Moment, als sie die Tasche in der Modezeitschrift gesehen hatte. Margot, ihre Chefin in der Teestube, kaufte immer die aktuellen Frauenmagazine und legte sie für die Kundschaft auf der Theke aus. Pia blätterte darin, wenn ihr langweilig war.

„Ich habe gedacht, wie toll die Tasche aussieht und habe mir vorgestellt, wie ich sie am Arm trage und dass ich damit die Straße entlang gehe und alle mich bewundern. Es hat sich super angefühlt!" Pia öffnete die Augen wieder und schaute Petunia erwartungsvoll an.

Die nickte sachverständig und meinte trocken: „Eben. Sie haben sich wundervoll gefühlt und Freude empfunden. Und voila! Ein paar Tage später haben Sie die Tasche tatsächlich gesehen. Wenn das nicht Beweis genug dafür ist, dass Sie dieses Ereignis angezogen haben!"

„Moment mal. Hätte ich die Tasche dann nicht selbst haben sollen, statt sie an einer anderen Frau zu sehen?“ Pia zog vorwurfsvoll die Augenbrauen hoch. „Was hab ich denn davon, wenn wer anderer die Tasche hat?“

„Nur Geduld, eins nach dem anderen. Manchmal kündigen sich große Ereignisse durch kleinere an. Sie müssen einfach am Ball bleiben, wie man so schön sagt.“ Petunia machte jetzt wirklich Anstalten, aufzubrechen. „Hätten Sie Freude empfunden, als Sie die Tasche in natura gesehen haben, hätten Sie den Ball – sozusagen – am Rollen gehalten. So haben Sie das Spiel unterbrochen und müssen neu ansetzen.“ Augenscheinlich sehr zufrieden mit ihrer Ballsportmetapher, erhob sich die alte Dame und schaute in die Ferne, aus der Herkules jetzt auftauchte. Der kleine Terrier schien Petunia aufs Wort zu gehorchen, ohne dass sie auch nur ein Wort sagen musste.

Pia seufzte neidisch, erwischte sich dabei und beschloss, sich lieber darüber zu freuen, dass Petunia so ein Händchen für Hunde hatte. Besser nichts riskieren, dachte sie und bemühte sich um eine fröhliche Stimmung.

Petunia lächelte wissend. „Sehr gut, liebes Kind. Wir machen Fortschritte! Genießen Sie Ihren Abend.“

„Und morgen sehen wir uns wieder?“, Pia schaute Petunia erwartungsvoll an.

„So wird es sein“, erwiderte diese.

„Moment! Was ist, wenn schlechtes Wetter ist? Was tun wir dann?“

„Wenn das Wetter schlecht ist? Unsinn, wieso sollte es schlecht sein? Machen Sie sich nicht immer so viele Sorgen. Das hat noch niemanden weitergebracht.“ Und damit trippelte sie davon und mit ihr der wolkenweiche Dutt, in dem kein Strähnchen unordentlich war.

Eine nachdenkliche Pia saß am Abend mit Herkules auf ihrem Sofa und ließ das Gespräch mit Petunia Revue passieren. Ängstlich überprüfte sie ihre Stimmung. Das tat sie seit dem Nachmittag andauernd. Schließlich wollte sie nicht riskieren, dass ihr Magnet auf irgendeine komische Frequenz eingestellt war, die anziehend auf trübsinnige Dinge wirkte. Aber ja ... sie stellte einmal mehr fest, dass sie relativ gut gelaunt war. In diesem Moment flog eine Fliege auf Herkules Schnauze und der schüttelte sich empört. Pia musste lachen und zu lachen fühlte sich gut an. Sie beschloss, eine Tiefkühlpizza in den Ofen zu schieben und Herkules würde den Rand abbekommen. Als hätte der kleine Terrier ihre Gedanken erraten, leckte er ihr hingebungsvoll die Hand.

Später lag Pia im Bett und schrieb in ihr Tagebuch. Dabei fiel ihr ein, dass sie schon wieder vergessen hatte, Petunia zu fragen, wo sie herkäme und was sie sonst so machen würde. Sehr seltsam, dachte Pia, dass ich nie daran denke, wenn ich mit ihr zusammen bin. „Erinnere mich morgen, Herkules!“ Sie kraulte seinen weichen Bauch und dann versuchte sie, ihre Gedanken so gut wie möglich aufzuschreiben.

> *Wir haben einen Magnet in unseren Bäuchen, der auf eine bestimmte Frequenz eingestellt ist. Alles, was zu dieser Frequenz passt, zieht dieser Magnet in unser Leben. Auf welche Frequenz dieser Magnet eingestellt ist, bemerken wir daran, was in unserem Leben geschieht und daran, wie wir uns fühlen. Wenn wir uns gut fühlen, zieht der Magnet gute Sachen an. Wenn wir uns mies fühlen, zieht er miese Sachen an. Deswegen müssen wir dafür sorgen, dass wir uns so oft wie möglich gut fühlen, damit wir hauptsächlich in einer guten Stimmung sind. Dann ist unser vornehmlicher Zustand eine Frequenz, die immer mehr gute Dinge anzieht. Manchmal dauert es ein bisschen, bis die Dinge erscheinen, die wir uns*

wünschen. Aber sie kündigen sich durch Vorboten an, die wir wahrnehmen können. Wenn wir uns über die Vorboten freuen, erfüllen sich unsere Wünsche schneller. Wenn wir die Vorboten missverstehen und einfach nur sauer sind, weil unsere Wünsche noch nicht erfüllt sind, dann geht es langsamer.

Nachdenklich schaute Pia auf ihr Tagebuch. Es fühlte sich seltsam an, all diese Dinge aufzuschreiben. Ganz neu und ganz bedeutsam fühlte es sich an. Sie drückte einen kleinen Kuss auf das Geschriebene, klappte das rotsamtene Buch zu und legte es liebevoll auf ihren Nachttisch. Herkules bekam auch ein Küsschen und dann machte sie das Licht aus, kuschelte sich in die Kissen und freute sich auf morgen.

Stolpersteine

Warum es richtig gut ist, wenn der Weg uneben ist und man entweder über Hindernisse stolpert oder sie elegant umschifft.

Pia stand hinter der Theke und begutachtete die drei Kuchen, die Margot für den heutigen Tag gebacken hatte. Ein Florida Key Lime Pie, ein Kürbiskuchen und eine Schokoladenmousse Torte. Das sah alles sehr einladend aus und Pia freute sich darauf, ihren ersten Kunden zu bedienen. Sie war zuversichtlich aufgewacht und ohne herausfordernde Handtaschen-Begegnungen in die Teestube gelangt. Auf ihr Handgelenk hatte sie vorsorglich mit einem Kugelschreiber »Stimmung?« geschrieben, damit sie nicht vergaß, auf ihre Gefühle zu achten. Bisher lief ihr Magnet offenbar auf der richtigen Frequenz, denn sie war gut gelaunt, hatte sich über Herkules amüsiert, der im Garten einen Regenwurm erbeutet hatte, und freute sich über den sonnigen Morgen.

Der kleine Terrier lief eben zur Tür, um den ersten Kunden des Tages zu begrüßen. Pia strich ihre schwarze Schürze glatt und setzte ihr freundlichstes Lächeln auf.

„Blöder Köter, aus dem Weg!“ Pias Mundwinkel sackten nach unten. Was für ein Idiot! Sie bedachte den älteren Mann mit der Halbglatze, der eben hereingekommen war, mit einem wütenden Blick, beeilte sich aber, Herkules hinter die Theke zu scheuchen. Sie schickte ihn auf seine Decke, auf der er sich beleidigt zusammenrollte und wandte sich dann wieder dem neuen Gast zu, wobei sie ihre Mundwinkel mit Mühe nach oben zwang.

Der Mann hatte inzwischen seinen Regenmantel ausgezogen und seinen Schirm an einen Fenstertisch gelehnt. Pia warf einen verwirrten Blick nach draußen, aber dort schien immer noch die Sonne. Blöder Pessimist, dachte sie, schnappte sich die Karte und brachte sie an den Tisch.

„Schönen guten Morgen!“, sagte sie mit aufgesetzter Freundlichkeit. Hier ist unsere Karte und außerdem gibt’s heute noch Florida Key Lime Pie, Schokoladenmousse Torte und Kürbiskuchen. Frisch aus dem Ofen.“

Der Mann hatte sich mittlerweile gesetzt und eine Zeitung auf den Tisch geklatscht. „Hunde haben nichts zu suchen an Orten, an denen Menschen essen und trinken. Das ist unhygienisch.“

Pia biss sich auf die Lippen und bemühte sich weiter um einen freundlichen Ton.

„Er wird sie nicht stören.“ Sie rang um Beherrschung, damit sie dem unfreundlichen Kerl nicht seinen eigenen Regenschirm auf den Kopf schlug. „Ich komme gleich wieder und nehme ihre Bestellung auf“, presste sie noch hervor, bevor sie hinter der Theke verschwand, sich mit dem Rücken zum Gastraum drehte und einen verzweifelten Blick auf ihr Handgelenk warf. „Stimmung?“ Die ist im Keller, dachte Pia wütend. So ein Trottel! Sie atmete ein paar Mal tief durch und kramte in ihrem verdüsterten Hirn nach fröhlichen Gedanken. Nachdem sie nicht fündig geworden war, schaute sie auf den Key Lime Pie – ihren Lieblingskuchen – und hoffte, dass der Trottel sich etwas anderes bestellen würde. Dem gönnte sie kein noch so winziges Stück dieser Traumtorte.

„Bedienung!“ Pia marschierte zum Fenstertisch und zückte ihren Block.

„Was darf ich Ihnen bringen?“, fragte sie kühl.

„Einen Cappucino und ein Schinken-Käse-Sandwich.“ Der Hundehasser – so hatte Pia ihn mittlerweile getauft – breitete seine Zeitung aus. „Und ich hoffe, sie waschen sich die Hände, bevor Sie mir mein Frühstück bringen. „Hunde verbreiten alle möglichen Bazillen.“

Pia verschlug es die Sprache. Deswegen drehte sie sich wortlos um und marschierte zurück zur Theke. In ihrem Bauch hatte sich ein unangenehmer Klumpen festgesetzt, der sich langsam in ihrem Körper auszubreiten schien.

„Stimmung?“ schrie ihr Handgelenk verzweifelt. Unterirdisch, antwortete Pia traurig.

Der Rest des Vormittags verlief ereignislos bis unangenehm und Pia gelang es nicht, ihre gute Laune wiederzufinden, nicht einmal, nachdem der alte Mann mit seinem Regenschirm die Teestube verlassen hatte.

Die Zeit bis zum Ende ihrer Schicht plätscherte dahin und Pia ignorierte ihr mahnendes Handgelenk, während sie düstere Gedanken über verknöcherte, humorlose, alte Männer mit pessimistischen Regenschirmen wälzte. Herkules dagegen hatte den beleidigenden Vorfall offenbar bereits vergessen, denn er wartete schwanzwedelnd an der Tür, als es endlich 13 Uhr war. Margot rief ihr ein fröhliches „Bis morgen!“ zu und Pia beeilte sich, um Petunia so schnell wie möglich ihr Leid klagen zu können.

Die saß, wie erhofft, bereits auf der himmelblauen Bank und tupfte sich mit einem ebenso himmelblauen Taschentüchlein einen Schweißtropfen von der Stirn. Es war warm geworden und Pia warf ihren Mantel ins Gras, bevor sie sich neben das ältliche Fräulein plumpsen ließ.

Herkules kläffte zur Verabschiedung und verschwand im Wald.

„Wie ist es Ihnen ergangen, meine Liebe?“ Petunia betrachtete nachsichtig Pias Leidensmiene. „Offensichtlich ist Ihnen eine Laus über die Leber gelaufen, wie man so schön sagt.“

„Keine Laus, aber ein blöder, alter Kerl, der aber sowas von unfreundlich und fies war!“

Bevor sie ihre Geschichte erzählen konnte, wedelte Petunia abwehrend mit einer rosigen Hand und zischte ein mahnendes „Schhhh!“ Pia hielt überrascht inne. „Je öfter wir eine Geschichte erzählen, desto wahrer erscheint sie uns, nicht wahr? Wir sollten es deswegen vermeiden, uns selbst und anderen Geschichten zu erzählen, die uns nicht gefallen.“

Pia schwieg verwirrt. Dann jedoch siegte ihr Mitteilungsbedürfnis. „Aber mir ist doch was Blödes passiert und das werde ich doch noch erzählen dürfen! Wenn ich es nicht erzählen würde, das wäre doch ... als würde ich mich ablenken von dem, was mich ärgert ... das wäre Augenwischerei!“

Petunia seufzte vornehm. „Wenn Sie darauf bestehen. Aber erinnern Sie sich daran, was ich Ihnen über Ablenkung gesagt habe. Sie ist oft die einzige Möglichkeit, uns von unangenehmen Gedanken zu lösen.“

Pia dachte nach. „Stimmt auch wieder. Jedenfalls ... dieser alte Trottel heute ... der hat mich total aus meinem Gute-Laune-Konzept gebracht. Bis dahin war alles so super gelaufen! Ich hab wirklich aufgepasst, dass meine Stimmung die passende Frequenz hatte.“ Sie streckte Petunia ihr Handgelenk hin. „Da, sehen Sie? Ich hab mir das zur Erinnerung aufgeschrieben.“

„Eine reizende Idee!“, rief Petunia entzückt. „Ich sehe, Sie nehmen das Glück ernst. Und nachdem Sie also ihren Magneten auf die Glücksfrequenz ausgerichtet hatten, ist etwas passiert, das Ihren Magneten verstellt hat?“

„Genau.“ Pia nickte bestätigend. „Dieser alte Hundehasser ist passiert. Der hat mir meine gute Laune mit seinem Gemecker verdorben. Unglaublich, was für schlecht gelaunte, unhöfliche Leute es gibt!“ In Pia wallte die gleiche Empörung auf, die sie empfunden hatte, als der alte Mann über Herkules geschimpft hatte. Ihr Gesicht rötete sich und der Klumpen in ihrem Bauch machte sich wieder bemerkbar.

Petunia betrachtete sie aufmerksam. „Sie fühlen sich wieder genauso wie heute Morgen, als der Vorfall sich ereignet hat, nicht wahr? Genauso wütend und empört. Genauso schlecht. Und genauso hilflos. Obwohl das Ganze schon Stunden her ist und Sie mittlerweile Ihr inneres Gleichgewicht eigentlich wiedergefunden hatten."

Pia zögerte und dann nickte sie erstaunt. „So ist es wirklich! Es ist, als würde alles noch einmal geschehen." Petunia ließ ihren gütigen Blick über die Wiese schweifen, auf der Gänseblümchen, Löwenzahn und Rotklee bunte Kleckse ins Grün gezeichnet hatten.

„Das meinte ich vorhin mit meiner Anregung. Je öfter wir eine Geschichte erzählen, desto realer wird sie für uns. All die Emotionen, die wir empfunden haben, kommen wieder an die Oberfläche, während wir erneut in das Geschehen eintauchen. Tatsächlich können sie sich noch verstärken und verfestigen, so sehr, dass sie unser Denken und Fühlen bestimmen. Sie möchten doch nicht, dass die Geschichte mit dem alten Zausel ihr Denken und Fühlen bestimmt, oder?" Aufmerksam betrachtete Petunia die aufgewühlte Pia.

„Bloß nicht!" rief diese aus.

Petunia lächelte zart. „Ich bin froh, dass wir uns in Bezug darauf einig sind. Gleichermaßen gilt das für Ihre Gedanken. Je häufiger Sie über diese Geschichte nachdenken, desto wahrscheinlicher ist es, dass Sie ihr eine Bedeutung geben, die sie gar nicht hat. Darf ich Sie in diesem Zusammenhang fragen, welche Schlussfolgerungen Sie aus dieser Begebenheit gezogen haben?"

Pia senkte nachdenklich den Kopf. „Hm ... dass es unfreundliche Menschen gibt?"

Petunia lachte perlend. „Das wussten Sie wohl schon vorher, nicht wahr?"

Pia grinste. „Klar. Also ... dass es gar nicht so einfach ist, gut gelaunt zu bleiben, solange es unfreundliche Menschen gibt?“

„Ist das nicht eine interessante Erkenntnis? Vor allem, wenn man bedenkt, dass Sie sich ja ganz offensichtlich bemüht hatten, ihre gute Laune aufrecht zu erhalten.“ Petunia deutete mit ihrem zierlichen Zeigefinger auf Pias Handgelenk.

Pia nickte. „Der Kerl hat meinen ganzen schönen Plan zunichte gemacht.“

„Wie viel Macht wir doch den äußeren Umständen geben, nicht wahr? In diesem Fall einem alten Zausel, dessen Unzufriedenheit sich höchstwahrscheinlich sehr ungünstig auf sein Verhalten auswirkt.“ Petunia griff in ihre Handtasche und beförderte einen himmelblauen, mit rosa Spitze verzierten spanischen Fächer zutage, mit dem sie sich sanft Luft zufächelte. „Wie gesagt, wir geben äußeren Umständen und anderen Menschen viel zu viel Macht über unsere Gefühle, ist es nicht so? Und wäre es nicht eine hübsche Erfahrung gewesen, wenn Sie sich nicht geärgert hätten?“ Abrupt drehte Petunia sich zu Pia um und richtete den Fächer anklagend auf deren Handgelenk.

„Klar, ja, doch, das wäre super gewesen“, stammelte Pia.

Zufrieden wandte Petunia sich wieder der bunten Wiese zu. „Eben. Und wer weiß? Vielleicht hätte der alte Zausel sich ja von Ihrer guten Laune anstecken lassen. Zusammenfassend möchte ich sagen, dass wir entweder unter dem Einfluss der anderen stehen oder unter unserem eigenen. Welche dieser beiden Möglichkeiten also ist erstrebenswert – wenn wir uns daran erinnern, dass ein positiver Zustand entscheidend für das ist, was wir in unser Leben ziehen?“

Da war sie wieder – die schulmeisterhafte Petunia, die ihren strengen Blick auf Pia richtete.

Die beeilte sich zu antworten: „Ich möchte unter meinem eigenen Einfluss stehen!"

„Sehr gut. Das hätten wir also geklärt. Dann können wir uns wohl der zweiten Sache zuwenden, die in diesem Zusammenhang von Bedeutung ist. Wie würden Sie dieses Geschehnis heute bezeichnen?"

Pia überlegte. „Als genau den Mist, der mir immer passiert? Als eine blöde Erfahrung? Als den typischen Kontakt mit der Welt, wie sie nun einmal ist?"

Petunia gab ein zartes Geräusch von sich, das man fast für ein Kichern hätte halten können. „Wie wäre es, wenn Sie das Ereignis stattdessen als ein unerwartetes Geschenk betrachten würden?"

Pia staunte. „Was soll daran denn ein Geschenk sein? Das versteh ich beim besten Willen nicht." „Nun, es hat Ihnen doch gezeigt, was Sie nicht wollen, nicht wahr? Ich finde, wir sollten dankbar für Ereignisse sein, die uns darauf hinweisen, was wir nicht wollen, denn nur so können wir erkennen, was wir wollen."

Jetzt war es an Pia zu kichern. „Das ist ziemlich schräg. So kann man das natürlich auch betrachten, schätze ich. Ich bin mir aber nicht sicher, worauf ich hingewiesen worden bin?"

Petunia nickte geduldig. „Zum Beispiel haben Sie erkannt, dass Sie keine unfreundlichen Menschen um sich herumhaben möchten. Sondern dass Sie von freundlichen Menschen umgeben sein wollen, habe ich recht?"

Pia nickte. „Stimmt. Das ist allerdings nichts Besonderes, oder? Das will doch jeder!"

„Aber ist das auch jedem bewusst?", fragte Petunia mit leuchtenden Augen. „War Ihnen das bis jetzt bewusst? Und haben Sie Ihre Frequenz bewusst dahin ausgerichtet, um mehr davon in Ihr Leben zu ziehen?"

Pia stutzte. „Oh!" Die Erkenntnis traf sie wie ein Schlag mit dem Lineal der Schuldirektorin. „Darum geht's! Ich muss es mir bewusst machen, damit ich es bewusst in mein Leben ziehen kann! Statt wie ein Schlafwandler gegen Wände zu rennen!“

„Ich hätte es vielleicht ein wenig anders ausgedrückt, aber ich bin vollkommen Ihrer Meinung, meine Liebe. Tatsächlich hat es seine Vorteile, bewusst durchs Leben zu gehen. Vor allem, wenn wir mit unserem Leben nicht zufrieden sind. Erst dann nämlich können wir unser Bewusstsein dazu nutzen, etwas zu verändern.“

„Wenn ich also für den mies gelaunten Opa dankbar bin, weil ich erkenne, welche Art von Erlebnissen ich nicht will und damit also begreife, welche Art von Erlebnissen ich haben will ... gilt das dann nicht für alles, was mir so begegnet? Und überhaupt für alles, was in meinem Leben passiert?“

„Wie immer bewundere ich Ihren wachen Geist, mein liebes Kind.“ Petunia steckte den spanischen Fächer zurück in ihre Handtasche und strich ordnend und vollkommen unnötig über ihren perfekt sitzenden flaumweichen Dutt. Dann blickte sie wohlwollend auf Herkules, der mit schmutzigen Pfoten aus dem Wald gelaufen kam.

„Die Stolpersteine in Ihrem Leben sind keine wirklichen Hindernisse. Sie sind kleine oder größere Erinnerungen daran, was Sie nicht wollen, damit Sie entdecken können, WAS Sie wollen. In Wirklichkeit gibt es keine »schlimmen« Ereignisse. Unsere Bewertung eben jener Ereignisse macht sie »schlimm«. Wenn es uns gelingt, dankbar zu sein für alles, was uns widerfährt, weil wir eine Erkenntnis daraus ziehen, dann wird unser Leben zu einem ununterbrochenen Fortschreiten, hin zu noch mehr Glück.“

Mit diesen Worten stand sie auf und machte sich ganz offensichtlich bereit zu gehen.

„Noch ein Wort zur Dankbarkeit, die ein wunderbares Gefühl in uns auslöst. Wenn sich etwas wunderbar anfühlt, dann sollten wir danach streben, mehr von besagtem Gefühl zu erreichen. Wenn Sie also Dankbarkeit für die Stolpersteine empfinden, dann hilft Ihnen das, ihren glücklichen Zustand aufrechtzuerhalten.“ Petunia deutete auf Pias Handgelenk. „Wie gesagt, eine ganz reizende Idee – diese Inschrift auf Ihrem Arm. Ich schlage vor, sie denken heute ein wenig darüber nach, wofür und weshalb Sie dankbar sein können, damit Sie sich umso froher fühlen. Ich schlage vor, wir sprechen morgen ein wenig mehr darüber, auf welche Weise es ihnen gelingen kann, ihre »gute Stimmung« dahingehend zu verwenden, sich Ihre Wünsche zu erfüllen.“

Dann steckte Petunia das himmelblaue Taschentüchlein in die Tasche ihres himmelblauen Kleides und trippelte davon. Die Sonne ließ ihren Dutt ein letztes Mal aufleuchten, bevor er im Wald verschwand.

Beschwingt von ihrer Unterhaltung mit Petunia hatte Pia sich mit Herkules auf den Heimweg gemacht. Unterwegs kaufte sie sich zwei Kugeln Zitroneneis, von denen der kleine Terrier einen gerechten Anteil erhielt. Wenn das Leben dir Zitronen schenkt, mach Zitroneneis draus! So ähnlich lautete doch dieser komische Spruch. Sie liebte Zitronen und wenn morgen noch ein Stückchen von dem Key Lime Pie übrig sein sollte, dann würde sie es mit Genuss verspeisen.

Am Abend machte Pia sich an ihre Hausaufgabe. Sie dachte darüber nach, wofür sie dankbar sein konnte. Lange und tief dachte sie nach und zu ihrer eigenen Überraschung entdeckte sie unendlich viele Dinge, für die sie Dankbarkeit empfand, selbst für Dinge, über die sie sich bisher geärgert hatte. Ihre nörgelnden Eltern zum Beispiel. Ihren öden Job. Ihr einsames Bett. Je tiefer sie forschte, desto klarer wurde ihr, wie die Welt ihr ununterbrochen zeigte, was sie nicht wollte. Damit sie erkennen konnte, was sie WOLLTE.

Plötzlich fühlte sich ihr Leben gar nicht mehr ereignislos an. Es war als würde sie erst jetzt entdecken, dass diese Welt ihr immer wieder geduldig Hinweise vor die Füße legte, die sie in Richtung Glück dirigieren sollten. Stolpersteine zu ihrem eignen Besten sozusagen. Pia schwelgte noch immer in dieser schönen Erkenntnis, als es Herkules zu langweilig wurde, ihr beim Denken zuzuschauen und sie vorwurfsvoll mit der Schnauze anstupste. Sie ließ sich zu einer letzten Gassi Runde überreden, bei der sie bereits überlegte, was sie heute in ihr Tagebuch schreiben sollte.

Pia hatte eine Kerze angezündet. Das hatte sie schon lange nicht mehr getan. Aber heute Abend war sie genau in der richtigen Stimmung für Kerzenschein, ein Glas Rotwein und ein ebenso rotes samtenes Tagebuch. Feierlich schlug sie eine neue Seite auf und dachte über die wichtigsten Erkenntnisse des heutigen Petunia-Tages nach. Dann schrieb sie:

> *Wenn mir etwas passiert, das mir nicht gefällt, dann habe ich die Wahl, wie ich das Geschehene beurteile. Ich kann mich ärgern, oder ich kann dankbar dafür sein. Wenn ich mich ärgere, dann fühle ich mich schlecht. Wenn ich dankbar bin, dann fühle ich mich gut. Wenn ich mich gut fühle, dann sorgt mein gutes Gefühl dafür, dass ich mehr Dinge anziehe, die dafür sorgen, dass ich mich gut fühle. Ich kann dankbar für die Stolpersteine sein, weil sie mich darauf aufmerksam machen, was ich nicht will. Wenn ich weiß, was ich nicht will, dann weiß ich auch, was ich will – nämlich genau das Gegenteil von dem, was ich nicht will. Wenn ich mich von anderen Leuten ärgern lasse, dann gebe ich Macht an sie ab; die Macht über meine Stimmung und meinen Zustand. Mein Zustand bestimmt, auf welche Frequenz mein Magnet ausgerichtet ist und damit darüber, was ich erlebe. Ich*

bin immer unter irgendeinem Einfluss. Entweder unter meinem eigenen oder unter einem fremden Einfluss. Ich möchte unter meinem Einfluss stehen. Wenn ich mir negative Geschichten erzähle oder über sie nachdenke, dann verstärke und verfestige ich diese Geschichten, weil ich jedes Mal die gleichen Gefühle fühle wie in dem Moment, als ich die Geschichte erlebt habe. Ich will mich aber nicht schlecht fühlen. Ich will mich gut fühlen!

Zufrieden schaute Pia auf ihren neuen Eintrag. Ziemlich weise klingt das alles, dachte sie. Vielleicht hab ich ja tatsächlich einen wachen und schnellen Verstand. Das sagt zumindest Petunia und die muss es ja wohl wissen. Dann fiel ihr einmal mehr ein, dass sie immer noch nicht mehr über Petunia wusste und sie seufzte genervt. Ihr Verstand war vielleicht ganz ok, aber ihr Gedächtnis war einfach lausig.

Die mysteriöse Bank

Die Welt ist voller Menschen und immer scheinen uns die schlecht gelaunten über den Weg zu laufen, wenn wir gerade wirklich gut gelaunt sind.

Pia wachte durch einen wahren Geistesblitz auf. Im Schlaf war ihr offenbar die Erleuchtung gekommen, wie sie es anstellen sollte, sich an die Fragen zu erinnern, die sie Petunia stellen wollte. Voller Tatendrang sprang sie aus dem Bett und suchte Notizblock und Kugelschreiber. Sie kritzelte „Wer sind sie und woher kommen Sie?“ auf einen Zettel, rollte ihn eng zusammen und hielt ihn mit einem Gummiring zusammen. Dann fädelte sie ein Stück Schnur durch die Rolle und schnappte sich Herkules´ Halsband von der Kommode im Flur. Sie band das Röllchen ans Halsband und betrachtete zufrieden ihr Werk, während der kleine Terrier vergnügt um sie herumsprang. Er nahm wohl an, dass es Zeit für den Weg zur Teestube sei.

„Noch nicht, Süßer. Erst trinke ich einen Kaffee.“ Sie würde das Röllchen spätestens dann bemerken, wenn sie Herkules an der blauen Bank von der Leine ließ. Dann würde sie sich erinnern, was sie Petunia fragen wollte. Wacher, schneller Verstand ... das alte Fräulein hat ganz recht, dachte Pia und bewunderte ihr schlaues Köpfchen im Badezimmerspiegel, bevor sie sich energisch die Zähne putzte.

Den ganzen Vormittag dachte sie an ihren Plan und sah immer wieder aufgeregt auf die Wanduhr, weil sie es kaum erwarten konnte, Petunia auf die Schliche zu kommen.

„Hast du eine Verabredung mit dem Mann deiner Träume? Oder warum schaust du dauernd auf die

Uhr?“ Margot starrte Pia neugierig an. „Wäre ja mal an der Zeit. Seit ich dich kenne, trauerst du diesem Tom hinterher.“

Pia spürte ihre Wangen heiß werden. Erstens weil Margot sie ertappt hatte und zweitens, weil sie auf keinen Fall an Tom denken wollte, der sie vor zwei Jahren sitzen gelassen hatte, ohne ihr auch nur zu sagen warum. Das hatte ihrem Selbstwertgefühl einen vernichtenden Schlag versetzt und seitdem ... ja, seitdem war ihr Leben immer öder und trauriger geworden, wie sie sich jetzt eingestand. Sie schaute auf die verblasste Schrift auf ihrem Handgelenk. „Stimmung?“ Auf dem absteigenden Ast, stellte Pia fest, sobald sie an ihre »große Liebe« dachte, für die sie Tom gehalten hatte. Also nicht mehr dran denken. Sie grinste Margot an und zuckte die Schultern.

„Das Wetter ist wieder so schön. Ich freu mich nur auf die Gassi Runde, wenn ich hier fertig bin.“ Margot nickte zweifelnd, machte sich dann aber wieder auf den Weg in die Küche. Sie hatte noch einen Kuchen im Backrohr, der bald fertig sein müsste.

Pia goss frischen Grüntee für Herrn Käsekuchen auf. So nannte sie einen der Stammkunden, der jeden Tag um zehn Uhr in die Teestube kam, sich einen Tisch an der Wand suchte und seinen Laptop aufschlug, um zu arbeiten. Er bestellte jeden Tag das gleiche. Grüntee und Käsekuchen.

Eines Tages erzähle ich ihm, dass wir keinen Käsekuchen haben. Bin gespannt, was er dann macht, dachte Pia. Dann fiel ihr auf, dass sie selbst auch jeden Tag mehr oder weniger das gleiche tat. Sie seufzte. Ich muss unbedingt etwas verändern, überlegte sie. Wenn ich jeden Tag das gleiche mache, kann auch nie etwas anderes passieren. Sie musste unbedingt mit Petunia darüber sprechen. Dann schaute sie wieder zur Wanduhr.

Wider Erwarten war der Vormittag vorüber gegangen und Pia eilte mit Herkules an der Leine durch die Fußgängerzone. Normalerweise ließ sie sich Zeit, um die Schaufenster zu betrachten, aber heute wollte sie einfach nur schnell zu Petunia auf die himmelblaue Bank. Dann blieb sie abrupt stehen. Die Bank! Die himmelblaue Bank stand da vorne, mitten in der Fußgängerzone! Und darauf saß die himmelblaue Petunia, die ihr zwinkernd entgegensah. Pia konnte es nicht fassen. Sie sah sich nach allen Seiten um, aber sie war tatsächlich noch immer in der belebten Fußgängerzone, in der die Menschen ihre Einkäufe erledigten, an den Schaufenstern vorbei bummelten und die Straßencafés bevölkerten. Wie durch ein Wunder war die himmelblaue Bank offenbar aus dem Wald in die Stadt gewandert und hatte Petunia mitgenommen. Ungläubig trat Pia auf die Bank zu.

„Wie, was, wie ... wie kommt denn die Bank hierher?“, stammelte sie. „Das ... das verstehe ich nicht.“

„Nehmen Sie doch erst einmal Platz, mein liebes Kind. Guten Tag Herkules! Ich fürchte, du musst noch ein wenig auf deinen Spaziergang warten.“ Petunia holte einen Hundekeks aus ihrer großen schwarzen Handtasche und reichte ihn dem kleinen Terrier, der begeistert danach schnappte.

Pia ließ sich wie betäubt auf die Bank sinken und starrte die alte Dame fassungslos an.

„Ich verstehe das nicht“, wiederholte sie. „Wie kommen Sie hierher?“ Sie schaute die Fußgängerzone hinauf und hinunter und fragte sich, weshalb keiner der Passanten auf sie achtete. Schließlich war der Anblick der himmelblauen Bank mit dem himmelblauen Fräulein eher ungewöhnlich.

„Und wie haben Sie es geschafft, die Bank hierher zu bringen? Das ist doch verrückt!“

Petunia lachte glockenhell.

„Ist das nicht eine gelungene Überraschung? Ich muss sagen, ich bin höchst zufrieden mit meiner kleinen Idee. Ja, ja, Sie sind nicht die einzige, die kreativ sein kann. Zudem war ich der Auffassung, dass ein klein wenig Abwechslung nie schaden kann. Würden Sie mir da zustimmen?“

Pia nickte benommen und vergaß vollkommen, dass Petunia ihr immer noch eine Erklärung in Bezug darauf schuldete, wie sie es geschafft hatte, die Bank aus dem Wald in die Fußgängerzone zu transportieren.

„Ich habe heute selbst gedacht, dass ich eigentlich jeden Tag das gleiche mache und dass ich das dringend ändern sollte.“, sagte sie erstaunt.

„Zwei Köpfe, ein Gedanke!“ Petunia sah sich zufrieden um und öffnete ihre große schwarze Handtasche, aus der sie einen zierlichen weißen Sonnenschirm zog, an dessen Rändern rosa Pompons befestigt waren, die Pia an die Zuckerwatte erinnerten, die sie als Kind niemals haben durfte, weil sie die Hände klebrig machte.

„Weniger schattig als unter der alten Eiche, nicht wahr?“, bemerkte Petunia und deutete auf eine junge Mutter mit zwei kleinen Kindern in einem Straßencafé, die schweißgebadet versuchte, das kleinere Mädchen in den Buggy zu setzen, während der ältere Junge brüllend an ihrem Ärmel zog. Das kleine Mädchen brüllte ebenfalls und die Mutter sah aus, als würde sie auch gleich anfangen zu brüllen.

„Was empfinden Sie, wenn Sie diese Szene beobachten, meine Liebe?“ Petunia sah Pia forschend an und die schauderte.

„Gruselig. Es muss schrecklich sein, sich den ganzen Tag um zwei kleine, brüllende Kinder zu kümmern. Die arme Frau tut mir leid. Sicher würde sie lieber allein in diesem Café sitzen und die Sonne mit einem kühlen Aperol Spritz genießen.“ Pia grinste. „Ich hab‘s nicht so mit Kindern.“

„Sie waren ein Einzelkind und sind ja auch noch so jung“, erwiderte Petunia verständnisvoll. Pia schluckte. Soo jung war sie ja nun auch nicht mehr. Höchstens im Vergleich zu Petunia, die sicher mindestens 80 war.

„Weshalb ich das Thema anspreche, hat folgenden Grund“, erläuterte diese nun. „Ich möchte Ihnen zeigen, wie sie auf Situationen in der Außenwelt reagieren und warum. Sehen Sie, wären Sie selbst eine junge Mutter, wären Sie wohl wesentlich mitfühlender. Vielleicht würden Sie sich sogar berufen fühlen, ihrer Leidensgenossin zu Hilfe zu eilen. Wären Sie dagegen der alte Zausel, dann würden Sie sich wahrscheinlich über das Geschrei ärgern. Wir betrachten die Welt und die Ereignisse darin durch unsere Filter und diese Filter sind durch unsere vergangenen Erfahrungen geprägt.“

„Das heißt, wir alle sehen zwar das gleiche, reagieren aber unterschiedlich?“ Pia sah nachdenklich aus.

„So ist es.“ Petunia nickte bestätigend. „Und nicht nur das. In ihnen allen werden unterschiedliche Emotionen geweckt, wenn sie die gleiche Szene betrachten. In Ihnen Abscheu, in der Mutter Mitleid, beim alten Zausel Ärger. Entsprechend ihren Filtern, die aus unterschiedlichen Erfahrungen entstanden sind. Aus diesen unterschiedlichen Reaktionen und Emotionen erwachsen unterschiedliche Handlungen. Sie, mein liebes Kind, werden wahrscheinlich einen Bogen um die brüllenden Kinder machen, die Mutter wird helfen wollen, der alte Zausel wird schimpfen, weil er nicht in Ruhe seine Zeitung lesen kann.“

„Verstanden“, sagte Pia. „Und was soll ich daraus lernen?“

Petunias flaumweicher Dutt wackelte missbilligend.

„Sie sollen daraus lernen, dass erstens Ihre Reaktionen nicht willkürlich sind, sondern einen Grund haben und dass Sie zweitens über Antennen verfügen, die ununterbrochen auf die Außenwelt und die Akteure darin gerichtet sind und dafür sorgen, dass Ihre Aufmerksamkeit ebenfalls auf besagtem Außen liegt.“

Pia griff sich unwillkürlich an den Kopf, als erwartete sie, dort Antennen wie bei den Marsmännchen aus einem Comicheft vorzufinden.

„Und ist das gut oder schlecht?“

„Weder noch. Es ist allerdings wichtig, sich dessen bewusst zu sein und zu erkennen, dass wir alle Filter haben, die unseren Blick färben.“ Petunia drehte versonnen ihren Sonnenschirm und fuhr seufzend fort: „Die meisten Menschen halten ihren Blick auf die Welt für den einzig richtigen. Sie glauben, dass sie die Realität wahrnehmen und begreifen nicht, dass sie nur IHRE Realität sehen. Aber lassen Sie mich auf die Antennen zurückkommen. Erinnern Sie sich an unsere gestrige Unterhaltung und dass wir über den Einfluss sprachen, unter dem wir stehen? Dem Einfluss der anderen oder unserem eigenen Einfluss?“

„Ja klar!“ Pia nickte bekräftigend. „Ich hab es sogar in mein Tagebuch geschrieben, dass ich unter meinem Einfluss stehen will.“

„Das ist ein löblicher Vorsatz, meine Liebe. Die Antennen, die ich eben erwähnt habe, sorgen nun aber dafür, dass wir immer wieder in Gefahr geraten, unter den Einfluss anderer Personen zu geraten. Denn wir nehmen wahr, wie andere fühlen und könnten uns diese Gefühle leicht zu eigen machen, wenn wir nicht gut aufpassen.“

„Wie meinen Sie das?“, fragte Pia ratlos. „Was treiben meine Antennen denn so, wenn ich nicht aufpasse?“

„Im Augenblick sind sie ordnungsgemäß auf mich gerichtet, denn Sie hören mir zu und versuchen zu verstehen, was ich sage. Gleichzeitig nehmen Sie ununterbrochen wahr, was Sie fühlen, während Sie mir zuhören. Sie sortieren die Informationen anhand ihrer Gefühle, mit denen Sie auf das Gesagte reagieren. Sie fühlen sich verwirrt, wenn Sie etwas nicht verstehen und erleichtert, wenn Sie begreifen, was ich Ihnen zu erklären versuche.“ Petunia blinzelte in die Sonne, die weiter gewandert war, so dass die himmelblaue Bank jetzt im Schatten stand. Daraufhin klappte sie ihren Sonnenschirm zu und klopfte mit dem Griff auf Pias Knie. „Was aber, wenn Sie mit ihrer Nachbarin sprechen, die Ihnen ständig von ihren Krankheiten und Problemen erzählt? Was passiert dann?“

Pia verzog das Gesicht, als sie an ihre Nachbarin von gegenüber dachte, der sie so oft wie möglich aus dem Weg zu gehen versuchte, was ihr aber nicht immer gelang. Dann musste sie einen Sermon über sich ergehen lassen, der in ihr den Wunsch weckte, auf eine einsame Insel zu ziehen und den Kopf in den Sand zu stecken.

„Ok, ich weiß was sie meinen.“ Pia schüttelte sich. „Die zieht mich immer total runter. Nichts als Schimpfen und Jammern kann die. Die Antennen sollte man abschaffen!“

„Nicht doch, meine Liebe! Diese Antennen sind sehr nützlich. Wir müssen uns nur bewusst sein, dass wir sie haben! Wenn Ihre Nachbarin sie das nächste Mal erwischt, werden Sie ihre Antennen auf das Vogelgezwitscher im Haselnussstrauch richten und sich nicht wieder die Laune verderben lassen.“

„Wuff!“, sagte Herkules, der ein großer Fan der Blaumeisen in der Hasel war, auch wenn er noch keine erwischt hatte. Nachdem er seine Meinung kundgetan hatte, legte er die Schnauze wieder auf die Vorderpfoten und seufzte tief. Er fragte sich, wie lange er wohl noch hier unter der Bank ausharren musste, bis Pia sich an den Spaziergang erinnerte, der jetzt eigentlich fällig war.

„Na schön, ich werde das mit dem Gezwitscher ausprobieren“, meinte Pia. „Jetzt hab ich also nicht nur einen Magneten im Bauch, sondern auch noch Antennen am Kopf. Wie wärs mit einem Kompass, der mir anzeigt, in welche Richtung ich muss, damit sich meine Wünsche erfüllen? Dann kann ja wohl nichts mehr schiefgehen.“

Diesmal war das Geräusch, das Petunia von sich gab ganz eindeutig ein Kichern.

„Sie haben wirklich einen gesunden Sinn für Humor, meine liebe Pia. Ganz reizend! Wenn ich es mir recht überlege, dann werde ich Ihnen auch noch einen Kompass zugestehen. Auch der hat mit ihren Gefühlen zu tun. Wenn Sie sich gut fühlen, dann marschieren Sie in die richtige Richtung. Wenn Sie sich schlecht fühlen, dann sollten Sie die Richtung wechseln."

Petunia stopfte ihren Sonnenschirm zurück in die Handtasche und strich ihr Kleid glatt.

„Bevor ich es vergesse ... diese Antennen, von denen wir gesprochen haben, sind allgemein unter dem Namen „Empathie" bekannt. Es gibt viele Menschen, die einen gewissen Stolz darauf entwickelt haben oder sich sogar davor fürchten und sich demzufolge ganz von ihren Mitmenschen zurückziehen, um nicht mehr zu fühlen, was andere fühlen. Ich halte das für einen falschen Ansatz. Wir alle sind „empathisch" und das ist sehr gut so. Wir müssen uns dessen einfach nur bewusst sein und diese wunderbare Gabe zu unserem Vorteil nutzen."

„Wie nutze ich meine Antennen denn zu meinem Vorteil?", fragte Pia schnell, denn Sie wollte Petunia am Aufbrechen hindern.

„Ganz einfach, indem Sie sie dorthin richten, wohin Sie sie richten möchten. Von der Nachbarin zu den Blaumeisen zum Beispiel. Oder wenn Sie jemanden verstehen möchten, dem Sie zugeneigt sind. Oder wenn Sie sicher durch dunkle Gassen gelangen wollen. Es sind wahrhaftig nützliche Antennen, wenn man erst einmal begreift, wie sie funktionieren", lächelte Petunia. Dann erhob sich der wolkenweiche weiße Dutt und mit ihm die ganze Petunia. „Ich schlage vor, wir unterhalten uns demnächst an unserem gemütlichen Plätzchen unter der Eiche weiter. Das ist auch so viel angenehmer für unseren lieben Herkules."

„Wuff!", sagte Herkules und streckte sich. Er war ganz Petunias Meinung.

Die winkte zierlich mit einer rosigen Hand und schritt gut gelaunt von dannen.

„Aber ... die Bank!“ rief Pia ihr nach, ohne viel Hoffnung auf eine Antwort von Petunias Rücken. Dann stand sie seufzend auf und spazierte mit Herkules an der Leine in Richtung Park. Dabei fragte sie sich, wie die Bank aus der Fußgängerzone zur alten Eiche kommen sollte, auch diesmal ohne viel Hoffnung auf eine Antwort.

Erst als Pia Herkules zuhause das Halsband abnahm, entdeckte sie das Papierröllchen wieder, das am Morgen so eine gute Idee gewesen zu sein schien. Grimmig dachte Pia, dass sie nicht aufgeben würde. Sie ließ das Röllchen an Ort und Stelle. Morgen ist auch noch ein Tag, beschloss sie.

Nach dem Abendessen saß Pia, in eine kuschelige Strickjacke gehüllt, im Garten und beobachtete Herkules, der wie besessen nach einer Maus grub, die er unter dem Fliederbusch entdeckt zu haben glaubte. Das wäre eigentlich ein guter Platz für ein paar Blumenzwiebeln, dachte Pia. Wenn Herkules so schöne Löcher grub, musste man das schließlich ausnutzen. Allerdings wusste sie nicht, ob es die richtige Jahreszeit war, um Blumenzwiebeln zu setzen. Der Abend war schön und ungewöhnlich warm, deswegen hatte sie entschieden, ihre heutige Tagebucheintragung am Gartentisch zu erledigen. Sie zog die Strickjacke eng um sich und begann zu schreiben:

> *Ich hab jetzt also einen Magneten im Bauch, Antennen auf dem Kopf und einen Kompass irgendwo. Lauter nützliche Dinge, die mir dabei helfen, in die Richtung zu gehen, in die ich gehen will. Ich komme wir vor wie ein kleiner Roboter, der gerade lernt, wie er funktioniert. Heute hab ich gelernt, dass meine Antennen meistens auf das gerichtet sind, was in der Außenwelt passiert.*

Wenn meine Antennen etwas wahrnehmen, dann reagiere ich, entsprechend der Filter, durch die ich auf die Welt schaue. Diese Filter sind durch meine ganzen bisherigen Erfahrungen entstanden und jeder Mensch hat eigene Filter, weil jeder andere Erfahrungen gemacht hat. Weil wir alle durch unsere persönlichen Filter schauen, sehen wir alle eine persönliche Realität, die vielleicht gar nichts mit der Realität der anderen Leute zu tun hat. Wenn man das weiß, dann wird es leichter, Verständnis für andere zu haben und auch für sich selbst. Es ist wichtig, dass wir uns unserer Antennen bewusst sind, wie sie funktionieren und dass wir sie willentlich ausrichten können. Wenn wir das nicht wissen, dann tauchen wir in die Realitäten anderer Leute ein, ohne es zu bemerken und fühlen, was sie fühlen. Wenn das nichts Gutes ist, dann fühlen wir uns schlecht. Dass wir fühlen können, was andere fühlen, nennt man Empathie. Und das ist eine Gabe, die wir nutzen können. Sie warnt uns vor Gefahr, macht uns mitfühlend und verständnisvoll. Das ist eine gute Sache! Wir brauchen weder stolz darauf zu sein, noch müssen wir uns davor fürchten. Wir alle haben diese Gabe und eigentlich ist das ein echter Vorteil, finde ich. Wenn wir sie zu unserem Vorteil nutzen, fällt es uns leichter, unter unserem eigenen Einfluss zu bleiben, statt unter dem Einfluss der Gefühle der anderen Leute zu sein. (Ich sage nur: Nachbarin und Blaumeisengezwitscher)

Erleichtert klappte Pia das rotsamtene Tagebuch zu und pfiff nach Herkules, der immer noch Löcher grub.

„Zeit, schlafen zu gehen, Süßer! Los komm endlich, wir gönnen uns noch ein Stück Käse!“

Herkules reagierte zuverlässig auf das Wort Käse und Pia begab sich zum Kühlschrank.

Später im Bett, mit den kleinen Terrierpfoten an ihren Füßen, dachte Pia an die himmelblaue Bank und sie fragte sich, ob sie wohl noch in der verlassenen Fußgängerzone oder schon wieder unter der alten Eiche stand. Eine echt mysteriöse Bank war das. Und dann schlief sie ein.

Auf Stiefels Schneide

Ist es möglich, dankbar zu sein, wenn etwas gewaltig schief läuft und gibt es einen Trick, dann nicht sauer zu werden?

Am nächsten Morgen wachte Pia wieder früh auf, ganz ohne Wecker, der ausschlafen durfte, weil heute ihr freier Tag war. Herkules drängelte noch nicht und so blieb sie noch eine Weile mit geschlossenen Augen liegen und dachte darüber nach, was sie unternehmen könnte. Irgendetwas, das ihre Routine unterbrach. Etwas, das ihr Freude machen würde. Ihre ausgelatschten Stiefel fielen ihr ein, die langsam wirklich peinlich wurden und ihr Entschluss stand fest.

„Herkules, heute kaufen wir Stiefel!“

Herkules verstand zwar nicht, warum er Stiefel brauchen sollte, aber alles was sein Frauchen vorschlug, war ein Grund für gute Laune und deswegen kläffte er zustimmend und ließ seinen Schwanz wie einen Hubschrauberflügel rotieren, was er nur tat, wenn er sich über die Maßen freute.

Nach dem Frühstück begaben sich Pia und Herkules also wieder in die Fußgängerzone. Nicht nur weil es dort Schuhgeschäfte gab, sondern auch, weil Pia neugierig auf das Schicksal der himmelblauen Bank war. Sie hatte es gehofft und befürchtet: die Bank war verschwunden. Gehofft hatte sie es, weil sie sich auf ihre nachmittägliche Unterhaltung unter der alten Eiche freute und befürchtet hatte sie es, weil es jetzt noch ein Geheimnis gab, dem sie auf die Spur kommen musste. Petunia hatte für jede Menge mysteriöse Vorkommnisse gesorgt – dampfenden Tee aus der Handtasche, telepathische Gespräche mit Hunden, eine allwissende Dame aus dem Nirgendwo, Sonnenschirme, die in Handtaschen schrumpften und Holzbänke, die selbständig ihren Standort wechselten – und Pia wünschte sich sehnlichst Erklärungen, um die zu bitten sie regelmäßig vergaß, wenn sie mit Petunia zusammen war. Das war vielleicht das größte Geheimnis von allen.

Später stand Pia vor den Schuhregalen für Größe 38 und Herkules hatte sich gelangweilt hinter dem mannshohen Spiegel zusammengerollt, vor dem Pia seit Ewigkeiten zu stehen schien. Nicht jeder Vorschlag, den sein Frauchen machte, war ein guter, revidierte er seine frühere Ansicht. Pia hatte schon mehrere Paare anprobiert und zwei waren in der engeren Auswahl. Schwarzes Wildleder ohne Reißverschluss und braunes Glattleder mit Reißverschluss. Sie hatte beide schon mehrmals anprobiert, hatte sich im Spiegel betrachtet und war ein paar Runden durchs Geschäft gelaufen. Unschlüssig schaute sie auf ihre Füße, von denen einer im braunen, der andere im schwarzen Stiefel steckte. „Ene Mene Muh und raus bist du!“ Sie zog den schwarzen Stiefel aus und den zweiten braunen an. Es waren sehr hübsche Stiefel, richtig scharf, dachte Pia. Schmal geschnitten und eng an der Wade anliegend. Sie liebte Stiefel und mit diesen hier könnte es wohl eine Freundschaft fürs Leben werden. Oder zumindest für die nächsten paar Jahre. Sie würde sie gleich anbehalten und die alten Treter zuhause im Müll versenken.

Gut gelaunt eilte Pia nach Hause, nicht ohne Herkules zuliebe noch einen kleinen Umweg über den Park zu machen. Während der kleine Terrier eine Ente verbellte, bewunderte sie ihre neuen Stiefel, die tatsächlich sehr elegant aussahen.

Zuhause angekommen beschloss sie heroisch, den Fußboden zu kehren und zu wischen. Herkules hatte sowohl Haare als auch jede Menge schmutziger Pfotenabdrücke auf dem Parkett hinterlassen und obwohl Pia im tiefsten Inneren von der Sinnlosigkeit ihres Unterfangens überzeugt war – schließlich würde sich Herkules nicht einfach in Luft auflösen, sondern weiter Dreck ins Haus bringen – wollte sie zumindest ihren guten Willen beweisen. Man wusste ja nie, wann neugierige Eltern mal wieder für einen Überraschungsbesuch vor der Tür standen.

Vorher musste sie aber die Stiefel ausziehen. Mit dem linken war das kein Problem, aber beim rechten klemmte der Reißverschluss. Pia zog und zerrte, aber mehr als zehn Zentimeter bewegte er sich nicht nach unten. Mit einer Socke und einem Stiefel an den Füßen humpelte sie ins Wohnzimmer und ließ sich auf die Couch fallen. Immer mit der Ruhe, dachte sie. Das kann doch nicht wahr sein. Im Sitzen ließ sich der Reißverschluss allerdings auch nicht bewegen. Anscheinend hatte sich das Futter im Schieber festgefressen und der Stiefelschaft war zu eng für Pias Finger. Sie geriet ins Schwitzen. Und in Wut. Nagelneue Stiefel und dann so was. Vielleicht würde sie den Fuß ja trotzdem herausziehen können. Und so zog sie. Und zerrte. Der Fuß bewegte sich keinen Zentimeter, wurde allerdings immer heißer. Herkules hatte inzwischen begonnen, sich für das Drama zu interessieren und kläffte aufmunternd.

So ging das nicht. Pia zählte langsam bis zehn und bemühte sich, ihren Atem zu beruhigen. Sollte sie etwa heute Abend mit dem Stiefel am Fuß zu Bett gehen? Denn das blühte ihr, wenn sie keine Lösung für den verflixten Reißverschluss fand. Es war Zeit für eine radikale Entscheidung.

Pia humpelte in die Küche und nahm die Schere vom Haken. Dann versuchte sie, in den Schaft zu schneiden, aber die Schere war eindeutig zu stumpf für diese verdammten, scharfen Stiefel!

Sie ließ sich erschöpft auf den Küchenboden sinken und wischte sich den Schweiß mit dem Geschirrtuch vom

Gesicht. Es half alles nichts. Ein richtig scharfes Messer musste her. Alles nur kein Blutbad bitte, lieber Gott, betete sie stumm. Das hätte ihr gerade noch gefehlt, wenn sie sich selbst verstümmelte bei dem Versuch, sich von dem blöden Stiefel zu befreien.

Sie schnappte sich das Gemüsemesser und begann zu schneiden. Fünf Minuten später war der Stiefel ein einziges Schlachtfeld und ihr rechter Fuß genoss erleichtert die schmerzlich vermisste Freiheit.

Wütend raffte Pia die Überreste des einstmals so schicken Stiefels zusammen, schnappte sich den unversehrten zweiten Teil des Paares und knallte beide mit Wucht in den Mülleimer.

Von wegen gute Stimmung und so weiter. Petunia würde sie heute mal aufs Butterbrot schmieren, wohin die sich all ihre albernen Theorien stecken konnte!

Der schmutzige Fußboden kann mich mal, dachte Pia und marschierte ins Badezimmer, um sich mit einem langen Schaumbad für den Verlust der scharfen Stiefel zu entschädigen.

Die Wut war einer leisen Traurigkeit gewichen, als Pia sich die alten, ausgelatschten Stiefel anzog und Herkules an die Leine nahm. Auf dem Weg zur alten Eiche dachte sie darüber nach, warum ihr immer so blöde Dinge passierten. Warum ihr nie etwas gelingen wollte. Warum sie immer zu den Verlierern gehörte. Kurz gesagt, sie suhlte sich in Selbstmitleid und tröstete sich damit, bald Worte der Weisheit aus Petunias zierlichem Mund zu hören, die wie Balsam von ihren rosigen Lippen auf Pias Wunden tröpfeln würden. Vielleicht würde die alte Dame sogar ein paar blitzblanke neue Stiefel aus ihrer geheimnisvollen Handtasche holen!

Natürlich geschah nichts dergleichen.

Petunia sah ausgesprochen amüsiert aus, als Pia sich mürrisch auf die himmelblaue Bank fallen ließ.

„Ich muss schon sagen, sie versäumen es nie, mich zu erheitern. Was für ein lustiges Schauspiel das gewesen sein muss. Ich wünschte, ich hätte Mäuschen spielen und dabei zusehen können. Es ist natürlich schade, dass die hübschen Stiefel dran glauben mussten." Petunia holte eine Dose mit Veilchenpastillen aus ihrer großen schwarzen Handtasche und bot Pia eine an, bevor sie sich selbst bediente. Eine Weile lutschten sie friedlich ihre Pastillen und dann seufzte Pia.

„Hab ich irgendwas falsch gemacht?"

„Wieso glauben Sie das?" fragte Petunia freundlich.

„Na, weil das mit den Stiefeln passiert ist! Ich hab auf meine Stimmung geachtet, war gut gelaunt, hab mich gefreut und beschlossen, mir endlich mal wieder was Schönes zu gönnen ... und dann passiert sowas! Ich hätte doch eigentlich was Gutes anziehen sollen mit meinem Magneten. Der war komplett richtig ausgerichtet. Ich versteh das nicht." Pia ließ den Kopf hängen.

„Sie glauben doch nicht etwa, dass Ihnen nie wieder etwas Unerwartetes geschehen wird, solange Sie nur gut gelaunt sind?" Petunia setzte sich so aufrecht hin, dass ihr Körper sozusagen über der Bank zu schweben schien. „Das ist eine sehr kindliche Vorstellung und Ihrer nicht würdig", rügte sie.

„Aber ich bin doch noch so jung", erwiderte Pia schnippisch.

„Soo jung nun auch wieder nicht", entgegnete Petunia schmunzelnd. „Schön, dass Sie Ihren Humor wiedergefunden haben."

Sie griff erneut in ihre Handtasche und holte ein Stück Parmesankäse heraus, das sie Herkules anbot, der vor Glück beinahe in Ohnmacht fiel. Der kleine Terrier schnappte sich den Käse und verzog sich unter die Bank, um die Köstlichkeit in Ruhe zu verspeisen.

„Und jetzt zu Ihrer kindlichen Vorstellung, meine Liebe. Was glauben Sie denn, was geschehen würde, wenn Sie niemals etwas erleben würden, das unerwartet oder sogar unangenehm ist? Sie würden tagein tagaus vor sich hindümpeln, ohne auch nur einen einzigen Wunsch zu verspüren! Unsere Wünsche aber sind es, die dem Leben die Würze geben. Die uns dazu bringen, Neues zu wagen, Herausforderungen anzunehmen und Abenteuer zu erleben. Ganz zu schweigen von der Tatsache, dass unsere Wünsche uns dazu einladen, neue Erfindungen in die Welt zu bringen, etwas zu lernen, das wir noch nicht können und ganz allgemein die Entwicklung der Menschheit voranzubringen!"

Erstaunt hatte Pia zugehört. „Wenn der Reißverschluss an meinem neuen Stiefel klemmt, dann bringe ich die Menschheit voran?"

„Das kann man nie wissen!" Petunias himmelblaue Augen bohrten sich in Pias dunkelblaue. „Als würde ein menschlicher Verstand die Zusammenhänge erkennen, mit der eine weitaus größere Macht für die Ausdehnung des Wissens sorgt. Lächerlich."

„Sie meinen, Gott oder so?", fragte Pia eifrig.

„Wie auch immer man diese Macht bezeichnen mag. Ich ziehe es vor, ihr keinen bestimmten Namen zu geben. Aber das könnte Thema einer künftigen Unterhaltung sein." Petunia wedelte mit einem zarten Händchen, als wolle sie das Thema Gott beiseite fächeln.

„Lassen Sie mich also noch einmal betonen, dass jedes Geschehnis ein Puzzleteil in einem großen Ganzen ist und dass es außerhalb Ihrer Kompetenz liegt, diesen Zusammenhang zu erkennen. Was dagegen durchaus innerhalb Ihrer Kompetenz liegt, ist Ihre Reaktion auf besagtes Geschehnis."

Solchermaßen an den ihr zukommenden Platz verwiesen, nickte Pia ergeben.

„Na gut, ich bin also zu blöd, das große Ganze zu erkennen und soll einfach dankbar dafür sein, dass ich jede Menge Geld für ein Paar Stiefel rausgeschmissen habe, die genau eineinhalb Stunden überlebt haben?“

„Vor allem könnten Sie sich überlegen, wie sie lieber auf ihren „Stolperstein“ - denn nichts anderes war der verhakte Reißverschluss - reagiert hätten, damit Sie jetzt tatsächlich Dankbarkeit empfinden können.“

„Wie wärs denn, wenn Sie mal einen Vorschlag für eine angemessene Reaktion machen würden?“ antwortete Pia spitz.

„Sehr gerne.“ Petunia ließ sich nicht provozieren. „Sie hätten lachen können. Sie hätten über die Situation und über sich selbst lachen können. Sie hätten stolz darauf sein können, wie geschickt Sie sich aus dem Stiefel gerettet haben und Sie hätten sich fragen können, ob der Stiefel Sie vielleicht zu einem Unfall verleitet hätte, der möglicherweise zu physischen Verletzungen geführt hätte.“ Petunia unterbrach ihren Vortrag. „Waren die Sohlen der Stiefel vielleicht ohne ausreichendes Profil für einen glatten Untergrund?“

Pia zuckte die Schultern. „Jetzt, wo sie es sagen. Kann schon sein.“ Tatsächlich hatten die Stiefel eine glatte Sohle gehabt und sie stellte sich mit Grauen vor, wie sie auf schneeglatten Gehsteigen ausrutschte und auf der Straße landete und direkt in ein fahrendes Auto schlidderte. Pia schüttelte den Kopf, um diese fürchterliche Vorstellung zu verscheuchen und dachte bei sich, dass Petunia wohl gar nicht so unrecht hatte.

Petunia nickte wissend mit dem Kopf, wobei Ihr flaumzarter Dutt leise wippte.

„Ganz zu schweigen von der Tatsache, dass Sie jetzt noch einmal das Vergnügen haben, neue Stiefel zu kaufen. Das

Schuhgeschäft macht noch einmal Umsatz und der Verkäufer bekommt vielleicht noch einmal Provision. Ist das nicht alles ganz wunderbar?“ Zufrieden griff Petunia zu ihrem Döschen mit Veilchenpastillen und bot Pia davon an. Die griff abwesend zu, während sie über das eben Gehörte nachdachte.

Herkules hatte sich während dieser Unterhaltung in den Wald begeben und kam eben hechelnd zurückgelaufen. Petunia beugte sich vor und streichelte die weichen Ohren des kleinen Terriers. Dabei bemerkte sie den eingerollten Zettel am Halsband, löste ihn vorsichtig und steckte ihn in die Tasche ihres himmelblauen Kleides. Dankbar leckte Herkules ihr die Hand. Petunia schenkte ihm ein zartes Lächeln und ein verschwörerisches Zwinkern. Das begeisterte ihn so, dass er ihr auf den Schoß sprang und sie mit hingebungsvollen Augen ansah.

„Herkules, runter da. So ein Frechdachs, ich muss ihn wohl besser erziehen“, sagte Pia verlegen, während sie ihren Hund von Petunias Schoß scheuchte.

„Ich liebe Hunde“, bemerkte diese. „Sie halten sich weder mit der Vergangenheit, noch mit der Zukunft auf. Sie leben im Hier und Jetzt und das erspart ihnen viel Kopfzerbrechen. Wir können nur von ihnen lernen.“

Aus irgendeinem Grund trieb das Pia die Tränen in die Augen und sie hob Herkules hoch und drückte ihr Gesicht in das braun-weiße Fell.

Petunia lächelte still und griff nach ihrer Handtasche. „Ich sehe, dass Ihre Wut und Ihre Trauer vergangen sind und dass Dankbarkeit sich in Ihnen ausbreitet.“ Sie stand auf. „Ist das nicht viel angenehmer? Morgen werden wir ein wenig über Ihre Vergangenheit sprechen, damit Sie sie loslassen können.“

Pia schluckte und schaute mit tränenverschleierten Augen zu Petunia auf. Die tätschelte ihr liebevoll die

Schulter, bevor sie schwungvoll und mit zierlichen Schritten davon trippelte.

Nachdem Petunia verschwunden war, hatte Pia noch keine Lust, nach Hause zu gehen. Also suchte sie ein Stöckchen, das sie für Herkules werfen konnte. Er hatte zwar noch nie ein Stöckchen zurückgebracht, aber er liebte es, ihnen hinterher zu jagen.

Es wurde schon dunkel, als die beiden zuhause ankamen. Pia nahm Herkules das Halsband ab und stutzte. Ihr war das Zettelröllchen wieder eingefallen, das jetzt ganz offenbar verschwunden war.

„Du musst es im Wald verloren haben", sagte sie vorwurfsvoll zu dem kleinen Terrier. Der beschloss, nicht auf den unverschämten Vorwurf einzugehen und leckte Pia versöhnlich die Hand. Er wusste ein Geheimnis zu bewahren.

Na ja, dachte Pia, ich scheine offensichtlich sowieso jedes Mal im Wolkenkuckucksheim zu sein, wenn ich mit Petunia spreche. Keine einzige Frage hab ich ihr wieder gestellt in Sachen Handtasche, Hundetelepathie und wandernde Bänke. Dann eben nicht. Eigentlich war sie gar nicht mehr so traurig darüber. Es lag wohl außerhalb ihrer Kompetenz, den großen Zusammenhang zu erkennen, was Petunia betraf. Eigentlich war sie gar nicht mehr so unglücklich deswegen, wenn sie es sich so recht überlegte. Irgendwie war es ganz schön, von Geheimnissen umgeben zu sein. Das Leben erschien dann gar nicht mehr so öde.

Später schrieb sie in ihr Tagebuch:

Es gibt kein Leben ohne Stolpersteine. Das ist gut so, denn jeder Stolperstein bringt die Menschheit weiter. Gäbe es keine Stolpersteine mehr, dann würden wir auf

dem Meer des Lebens vor uns hindümpeln, statt die Segel zu setzen und uns auf zu neuen Ufern zu machen. Eigentlich ist die ganze Welt ein riesiges Puzzle, das aus allen möglichen Steinchen zusammengesetzt ist und mein Verstand ist nicht groß genug, um dieses riesige Puzzle zu erkennen, oder zu begreifen, wie es sich zusammensetzt. Das Erkennen des großen Ganzen übersteigt meine Kompetenz, aber es liegt in meiner Macht, auf die Stolpersteine so zu reagieren, wie es mir guttut. Es tut mir nicht gut, mit Verzweiflung, Wut und Trauer zu reagieren und deswegen will ich lieber mit Lachen und Hoffnung reagieren. Ich will glauben, dass da etwas ist, was für mich sorgt und mich davor bewahrt, von einem Auto angefahren zu werden, weil ich auf dem Gehsteig ausrutsche. Selbst wenn ich mir deswegen die nagelneuen Stiefel versauen lassen muss.
PS: Ich liebe Hunde. Nicht nur, weil sie süß sind und die beste Gesellschaft, die man haben kann, sondern auch weil sie im Hier und Jetzt leben. Wenn ich auch im Hier und Jetzt leben könnte, dann würde ich mich nicht mehr über die Vergangenheit ärgern und keine Angst vor der Zukunft haben. (Der blöde Tom!)

Pia grübelte noch ein Weilchen über das Geschriebene. Ob sie den letzten Satz streichen sollte? Aber sie hatte so ein Gefühl, als ob das Thema bald einmal angegangen werden musste. Sie hatte es satt, ewig darüber nachzudenken, warum sie ganz offenbar nicht gut genug für Tom gewesen war. Vielleicht morgen?

Sie tappte über den schmutzigen Fußboden und nahm sich fest vor, ihn morgen endlich zu putzen. Sie würde sich einfach den Wecker ein wenig früher stellen. Dann rief sie Herkules. Es war Zeit zum Schlafengehen.

Liebe lohnt sich

Die zwei Seiten der Münze und warum man die eine selten ohne die andere haben kann.

Zufrieden schaute Pia auf den glänzenden Fußboden, der nur noch trocknen musste. Herkules hatte sie für die Dauer ihrer Putzaktion ausgesperrt und der kleine Terrier drückte sich mittlerweile die Nase an der Terrassentür platt, weil er fand, dass es Zeit für sein Frühstück sei. Als das Parkett getrocknet war, hob Pia Herkules hoch und wischte ihm die Pfoten ab. Wenigstens einen Tag lang wollte sie das Gefühl haben, ihre Anstrengung hätte sich gelohnt.

In der Teestube war nicht viel los. Herr Käsekuchen saß wie immer an seinem Laptop und gegen zehn Uhr waren Frau Fencheltee und Miss Kirschtörtchen eingetroffen, die beide Stammkundinnen waren. Pia hatte all ihre regelmäßigen Gäste ihren Vorlieben entsprechend getauft und manchmal dachte sie, dass es eigentlich recht nett wäre, mehr von diesen Menschen zu wissen, die sie fast täglich sah und mit denen sie nie mehr als Belanglosigkeiten austauschte. Miss Kirschtörtchen zum Beispiel war sehr nett und sah aus wie jemand, mit dem man gern befreundet wäre.

Wenn Pia ehrlich war, dann vermisste sie ihre Freundinnen. Seit der Geschichte mit Tom hatte sie sich immer mehr zurückgezogen und es war schon eine Ewigkeit her, dass sie mit Maja oder Helene telefoniert hatte, mit denen sie sonst immer über alles hatte reden können, was ihr auf dem Herzen lag. Sie fragte sich, ob sie ihnen von Petunia erzählen würde. Wahrscheinlich nicht. Die ganze Geschichte war viel zu unglaublich und die beiden würden sie für verrückt halten. Die himmelblaue Dame war ein

Geheimnis, das sie nur mit Herkules teilte und Pia bezweifelte, dass sich das jemals ändern würde. Traurig eigentlich, dass sie niemanden hatte, der ihr glauben würde. Sie servierte Miss Kirschtörtchen ein Kirschtörtchen und dann holte sie den Mohnkuchen aus der Küche, der gerade fertig geworden war.

Das Wetter war noch immer viel zu warm für die Jahreszeit und die Luft duftete verheißungsvoll nach Aufbruch und Neuanfang. Von weitem sah Pia Petunias schneeflöckchenweißen Dutt auf die himmelblaue Bank zuschweben und sie beschleunigte ihre Schritte. Herkules lief voraus und begrüßte Petunia mit begeistertem Bellen. Verlangend starrte er auf ihre Handtasche, doch zu seiner Enttäuschung öffnete sie sich nicht, egal wie sehr er seinen Blick auch darauf konzentrierte.

„Heute sind wir gleichzeitig angekommen", lachte Pia und wartete, bis Petunia es sich bequem gemacht hatte, bevor sie sich ebenfalls auf die Bank setzte.

„Lassen Sie uns diese Gleichzeitigkeit als ein gutes Omen für Ihre künftigen Liebesbeziehungen betrachten, mein liebes Kind", zwitscherte Petunia munter und Pia bekam prompt Herzrasen. Jetzt geht's ans Eingemachte, dachte sie ängstlich und da bestätigte die alte Dame auch schon ihre Vorahnung.

„Lassen Sie uns also über die Liebe sprechen und darüber, weshalb Sie sie so hartnäckig aus ihrem Leben ausschließen möchten."

Pia schluckte. Anscheinend hatte Petunia wieder mal alles falsch verstanden.

„Ich will sie doch nicht ausschließen! Im Gegenteil, ich würde mich schrecklich gern wieder verlieben. Es sieht nur irgendwie alles so hoffnungslos aus."

„Wenn Sie sich für eine Liebesbeziehung tatsächlich geöffnet hätten, wären Sie viel fröhlicher und würden sich auf den nächsten Mann freuen, mit dem Sie eine haben", antwortete Petunia entschieden. „Lassen Sie uns also davon ausgehen, dass Sie beschlossen haben, Angst vor einer neuen Beziehung zu haben und verraten Sie mir, was dieses Gefühl ausgelöst hat."

Solchermaßen in die Enge getrieben, nestelte Pia nervös am Saum ihres Pullis und suchte nach den richtigen Worten.

„Ich habe eine schlechte Erfahrung gemacht, schätze ich. Die Geschichte mit Tom damals hat mir einen ganz schönen Dämpfer verpasst. Ich dachte wirklich, dass wir für immer zusammenbleiben würden. Und dann ... dann hat er mich verlassen. Einfach so. Ohne mir zu erklären, warum er plötzlich nicht mehr mit mir zusammen sein wollte." Pia stockte und schaute Petunia hilflos an.

„Und dann haben Sie sich den Kopf über seine Gründe zerbrochen und sind zu dem Schluss gekommen, dass es an Ihnen gelegen haben muss, dass mit Ihnen etwas nicht in Ordnung sein kann, dass es Ihre Schuld ist, weil Sie nicht gut genug sind?"

„So ungefähr", Pia ließ den Kopf hängen.

„Und weil Sie nicht möchten, dass Ihnen das noch einmal passiert, gehen Sie seitdem romantischen Begegnungen konsequent aus dem Weg." Petunia holte zwei gefüllte Sektgläser aus ihrer großen schwarzen Handtasche und reichte eines davon der verblüfften Pia.

„Lassen Sie uns darauf anstoßen, dass dieser Unsinn mit dem heutigen Tag beendet ist.

Prösterchen!" Zart klirrten die Gläser, als Pia und Petunia anstießen und beide einen eiskalten Schluck Sekt tranken.

„Verstehen Sie mich nicht falsch", fuhr Petunia fort. „Ich bin nicht der Ansicht, dass Beziehungen notwendig sind oder notwendigerweise glücklich machen. Sie wissen ja, dass wir Glück in uns selbst finden und dass wir, wenn wir Glück ausstrahlen, noch mehr Glück anziehen. Wenn Sie also glücklich sind und eine romantische Beziehung ihr Glück vergrößern kann, dann wird es so geschehen. Wenn Sie es zulassen."

Petunia nahm noch einen zierlichen Schluck und ließ das Glas wieder in ihrer Handtasche verschwinden. Pia hielt ihres fest. Sie hatte nicht die Absicht, das Glas aus der Hand zu geben, bevor sie es ausgetrunken hatte. Es geschah schließlich nicht jeden Tag, dass sie nachmittags Sekt im Grünen trank. Daran könnte ich mich gewöhnen, dachte Sie. Der Alkohol war ihr bereits zu Kopf gestiegen und sie fühlte sich ein wenig übermütig.

Petunia hatte ihren Vortrag noch nicht beendet und fuhr jetzt fort.

„Manchmal müssen wir uns Klarheit über vergangene Ereignisse verschaffen, um unbeschwert in die Zukunft schreiten zu können. Lieben Sie es nicht auch, einen klaren Kopf zu haben?"

Pia, deren Kopf in diesem Augenblick alles andere als klar war, trank ihr Glas aus und kicherte.

„Jetzt gerade finde ich es ziemlich gut, einen leicht beschwipsten Kopf zu haben!" Sie reichte Petunia das Sektglas, die es leise lächelnd in der großen Handtasche versenkte.

„Wie schön, dass Sie guter Stimmung sind. Dann lassen Sie mich die Gunst der Stunde nutzen, um Ihnen etwas über sich selbst zu erzählen, das Sie vielleicht überraschen wird. Seit dem unerwarteten Ende Ihrer Beziehung mit diesem jungen Mann – Tom, nicht wahr? - haben Sie die Dinge ein wenig schleifen lassen. Statt sich auf Ihren inneren Kompass zu verlassen und mit dem Fluss zu schwimmen, haben Sie auf die beleidigten und ängstlichen Stimmen in Ihrem Kopf gehört und sich mit aller Kraft gegen den Strom gestemmt. Tatsächlich haben Sie sich am Ufer festgehalten, um gar nicht erst schwimmen zu müssen."

Pia bemühte sich, Petunias Metapher zu folgen.

„Das heißt, statt einfach glücklich zu sein und auf den nächsten Kerl zu warten, habe ich mich in meinem Schneckenhaus versteckt, weil ich mir eingeredet habe, dass ich nicht gut genug für eine Beziehung bin?"

Petunias wolkiger Dutt wippte zustimmend.

„Wohlgesetzte Worte! Und lassen Sie mich noch etwas hinzufügen. Sie sind eine Liebende und das bleiben Sie, auch wenn dieser Tom sich für Sie als nicht sehr liebenswert herausgestellt haben sollte."

Erstaunt sah Pia auf. „Ich bin eine Liebende?"

„Sie sind eine Liebende. Ein Mensch, der ganz natürlich Liebe verkörpert, der Liebe zu schenken wünscht und der bereit ist, Liebe zu empfangen. So wie alle Menschen. Manchmal müssen sie nur ein wenig Schutt beiseite räumen, um diese Liebe in sich zu entdecken."

„Tom hat ganz schön viel Schutt hinterlassen," überlegte Pia.

„So würde ich es nicht ausdrücken", widersprach Petunia. „Letzten Endes sind Sie selbst für Ihr Leben verantwortlich, nicht wahr? Und erinnern Sie sich bitte daran, wofür Sie noch verantwortlich sind, weil es in Ihrer Macht liegt."

„Meine Reaktionen!" rief Pia. „Es liegt in meiner Macht, wie ich auf den blöden Tom reagiere!"

Petunia hüstelte. „Ich würde vorschlagen, dass Sie ihn nicht mehr so bezeichnen. Wut ist zwar besser als Depression und Hoffnungslosigkeit, aber noch weitaus angenehmer sind Fröhlichkeit und Dankbarkeit."

„Stimmt!" Pia nickte eifrig. „Und ich könnte ja versuchen, etwas zu finden, wofür ich dankbar bin bei dieser blöden Geschichte mit Tom."

Petunia seufzte. „Sobald Sie sich bewusst machen, dass Sie dankbar dafür sein können, hören Sie vielleicht tatsächlich auf, diese Geschichte oder diesen Herrn als „blöd" zu bezeichnen."

Schuldbewusst senkte Pia den Kopf, aber weil der Sekt noch immer seine Wirkung entfaltete, gab sie Petunia ein kleines Küsschen auf die Wange. Dann wurde sie rot. Die alte Dame aber tätschelte Pias Knie und sah sehr zufrieden aus.

„Ihr innerer Kompass verschafft sich gerade Gehör“, lächelte sie, „und wenn Sie ihm folgen, dann werden Sie bald erkennen, dass er nur das Beste für Sie im Sinn hat und alle Stolpersteine so platziert, dass die vermeintlichen Umwege unweigerlich ans Ziel führen.“

„Und das Ziel ist glücklich sein“, ergänzte Pia feierlich.

Herkules hatte unterdessen genug davon, den Schmetterlingen auf der Wiese nachzujagen. Er trabte heran und richtete seinen Blick vorwurfsvoll auf Petunias Handtasche.

„Du warst sehr geduldig, Herkules. Danke dafür.“ Sie kraulte den kleinen Terrier unter dem Kinn und holte eine Banane aus besagter Handtasche, die sie sorgfältig schälte und in kleine Stücke zerteilte, mit denen sie Herkules fütterte.

„Und wie geht's jetzt weiter?“ fragte Pia. „Also, wie finde ich jetzt den Mann fürs Leben?“

„Wollen Sie denn einen »Mann fürs Leben« oder wollen Sie glücklich in ihren Beziehungen sein?“

„Erwischt“, grinste Pia. „Glücklich sein will ich.“

„Eine Antwort nach meinem Geschmack. Wenn Sie also bereit für neue Erfahrungen sind, dann möchte ich Sie noch auf eine andere Tatsache aufmerksam machen, die viele Menschen übersehen und die schnell zu Enttäuschungen führen kann.“

Pia setzte sich aufrecht hin. Ein Warnhinweis!

„Jedes Mal, wenn ein Wunsch aufsteigt, steigt gleichzeitig auch eine Befürchtung auf. Sie müssen sich das vorstellen, wie die zwei Seiten einer Münze. Sehen wir uns das an einem konkreten Beispiel an. Dazu bitte ich sie, die Augen zu schließen."

Gehorsam machte Pia die Augen zu und vor ihren geschlossenen Lidern sah sie kleine Lichtblitze auftauchen, ein visuelles Echo der Sonnenstrahlen, die durch das Laub fielen.

„Stellen Sie sich jetzt bitte vor, dass Sie verliebt sind, fühlen Sie die Schmetterlinge im Bauch und die Hoffnung, dass diese Beziehung für immer bleibt. Und dann spüren Sie in sich hinein, welche Gefühle noch auftauchen."

Pia spürte also. Dann sagte sie erstaunt, „da ist eine Angst."

„Angst wovor?"

„Dass ich wieder verlassen werde."

„Was noch?"

„Dass ich meine Freiheit verliere."

„Was noch?"

„Dass ich wieder unglücklich werde."

Petunia nickte, was Pia allerdings nicht sehen konnte, weil sie die Augen noch immer geschlossen hatte und weiter in ihr Innerstes hinein spürte und fühlte, was es da alles zu fühlen gab.

„Sie können die Augen jetzt wieder öffnen", mahnte Petunia.

Widerstrebend klappte Pia die Augen auf und schaute Petunia fragend an.

„Was bedeutet das jetzt?"

„Das sind die zwei Seiten der Münze. Der Wunsch nach Liebe, Glück und Zweisamkeit wird begleitet von der Angst, dass nicht geschehen könnte, was man sich wünscht oder dass man wieder verlieren könnte, was man hat. Manchmal kommen Zweifel an den eigenen Fähigkeiten hoch, manchmal der Glaube, dass man nicht verdient, was einem geschenkt werden könnte. Das passiert jedes Mal, wenn ein Wunsch in uns aufsteigt. Die zwei Seiten der Münze eben.

Kopf oder Zahl, Hell oder Dunkel, glücklich oder unglücklich."

Pia dachte nach. „Und dann? Was tut man dann damit?"

„Dann hört man wieder auf seinen Kompass, richtet seinen Magneten auf Glück aus und die Antennen nach innen." Petunia zuckte mit den zarten Schultern, als wäre damit alles gesagt.

„Das heißt, ich habe jedes Mal die Wahl? Mich auf die Angst einzulassen oder auf den Wunsch?"

„Vortrefflich! Sie haben es verstanden." Die kleinen Füßchen der alten Dame kreuzten sich elegant, als Sie sich nach vorne lehnte, um Herkules zu streicheln, der sich wie ein Wachhund vor die Bank gelegt hatte.

„Es ist natürlich manchmal gar nicht so unkompliziert, die Vergangenheit hinter sich zu lassen, in der man entmutigende Erfahrungen gemacht hat, die für Ängste und Zweifel sorgen. Manchen Menschen gelingt das niemals und das finde ich sehr bedauerlich."

„Ich lasse meine Vergangenheit hinter mir!" Pia schlug mit der Hand auf die Bank und Herkules zuckte zusammen.

Petunia kraulte ihn begütigend und lächelte feinsinnig.

„Ich bin sicher, dass Sie das tun werden. Dazu müssen Sie nicht in alten Wunden herumwühlen, nicht wahr? So wie Sie das bisher getan haben. Sie werden ab jetzt nur auf Antennen, Kompasse und Magnete achten und das Glück in sich zur obersten Priorität machen."

Pia fühlte sich sehr seltsam. So als wäre irgendwo ein Puzzleteil an den richtigen Platz gefallen und hätte dabei einen ohrenbetäubenden Lärm gemacht.

Petunia hatte sich unterdessen erhoben und ihre Handtasche über den Unterarm gehängt. Sie strich über ihr himmelblaues Kleid und sah so duftig und luftig aus, als würde sie gleich davon schweben.

„Sie haben etwas losgelassen, dass sie sehr lange mit sich herumgetragen haben, meine Liebe. Seien Sie versichert, dass das keine Kleinigkeit, sondern ein bedeutendes Ereignis ist, das Auswirkungen haben wird."

Pia schaute Petunias Dutt hinterher, der ihr mittlerweile so vertraut geworden war.

„Bis morgen", flüsterte sie und dann folgte sie Herkules, der schon voraus gelaufen war. Ihre Sektlaune war längst verflogen und hatte einer stillen Nachdenklichkeit Platz gemacht. Sie schaute zum Himmel auf, den dunkle Wolken verdüstert hatten.

Pia blieb stehen und schloss die Augen. Sie stellte sich vor, verliebt zu sein und Hand in Hand mit einem Mann spazieren zu gehen. Dann spürte sie in sich hinein. Leise klopften Zweifel und Befürchtungen an ihr Herz. Interessiert beobachtete Pia, wie sie sich in kleinen Wellen bewegten, die stetig durch ihren Körper zogen. Da war sie also. Die andere Seite der Münze. Kein Problem. Gefahr erkannt, Gefahr gebannt. Pia öffnete die Augen und sah plötzlich doppelt. Aus einem Herkules waren zwei geworden!

Tatsächlich beschnupperten sich die beiden und Pia erkannte, dass Herkules auf eine Art Zwilling getroffen war. Der zweite Terrier gehörte offenbar zu einem Mann in Turnschuhen, der lässig an einem Baum lehnte und den beiden zusah.

„Ausgeschlafen?", rief er grinsend. „Hab selten jemanden so schön im Stehen träumen sehen."

Verwirrt lächelte Pia und strich sich glättend übers Haar.

„Die beiden gleichen sich wie ein Ei dem anderen", lachte sie und nahm Herkules an die Leine, der unterdessen zu ihr gelaufen war.

Auch der Turnschuhtyp nahm seinen Hund an die Leine. „Vielleicht sieht man sich ja mal wieder." Pia nickte und marschierte los. Warum musste sie bloß gerade an den Film „101 Dalmatiner" denken?

Nach dem Abendessen fühlte Pia sich müde und ein wenig fröstelig. Sie wickelte sich in ihre kuschelige Strickjacke und griff nach dem Tagebuch. Heute hatte sie Mühe, ihre Gedanken zu ordnen. Ob das an dem Glas Sekt lag? Oder daran, dass sie etwas losgelassen hatte, wie Petunia angedeutet hatte? Was genau hatte sie eigentlich losgelassen? Sie kaute ein wenig auf ihrem Kugelschreiber herum und dann begann sie zu schreiben.

Jeder Wunsch ist wie eine Münze. Auf der einen Seite ist die Freude auf das, was man sich wünscht und auf der anderen Seite ist die Angst, etwas Unangenehmes zu erleben, wenn man sich was wünscht. Das ist ganz normal und nichts, dem man aus dem Weg gehen muss. Man muss es nur wissen und man erkennt es ganz leicht, wenn man in sich hinein spürt. Die Ängste und die Zweifel auf der einen Seite der Münze kommen daher, dass wir in der Vergangenheit Dinge erlebt haben, die uns prägen und die Ängste und Zweifel auslösen. Wenn wir an ihnen festhalten und uns von ihnen leiten lassen, können wir uns nur schwer für die Erfüllung unserer Wünsche öffnen. Wir können uns aber jederzeit auf die andere Seite der Münze konzentrieren. Die Seite, auf der unser Wunsch leuchtet und mit ihm die Freude und das Glück und die Hoffnung und die Zuversicht. Genau das Zeug, auf das unser innerer Kompass zeigt und wohin wir unseren Magneten ausrichten können. Ich hab heute gelernt, dass ich eine Liebende bin, auch wenn ich auf Menschen treffe, die sich nicht liebevoll benehmen. Ich will nicht gegen meine Natur ankämpfen und deswegen bleibe ich eine Liebende. Außerdem habe ich heute etwas Wichtiges losgelassen und die Auswirkungen davon werde ich zu spüren kriegen.

Pia schauderte und beschloss, dass sie ihr Bett heute nicht nur mit Herkules, sondern auch mit einer Wärmflasche teilen würde.

Das Leben ist ein Traum

Es wird wunderlich und warum auch nicht? Schließlich sind Wunder etwas ganz Normales!

Pia wachte erschöpft auf. In der Nacht hatte sie trotz Wärmflasche weiter gefroren und jetzt hämmerten ihre Schläfen im Takt mit dem Kläffen, das von der Terrassentür kam, weil der kleine Terrier offenbar sehr dringend in den Garten wollte.

„Pssst, Herkules“, krächzte Pia mühsam. „Ich hab Kopfweh.“ Und Halsweh, stellte sie fest. Sie wälzte sich stöhnend aus dem Bett. Und schwindlig ist mir auch, konstatierte sie. Nachdem sie Herkules in den Garten gelassen hatte, schleppte sie sich in die Küche, um sich einen Hagebuttentee zu kochen, ein untrügliches Zeichen dafür, dass sie krank war. Während sie darauf wartete, dass das Wasser sprudelte, kramte sie in der Besteckschublade nach dem Fieberthermometer. 37,9° C zeigte es wenig später an.

„Ich hab Fieber. Herkules, das wird heute nichts mit der Teestube.“ Ihr treuer Freund sah sie seelenvoll an und brummte mitfühlend, bevor er in den Flur lief und die geschlossene Haustür anbellte.

„Sorry, du musst heute mit dem Garten vorliebnehmen. Mir geht's wirklich nicht gut.“ Nachdem Pia Margot angerufen und sich krankgemeldet hatte, wankte sie mit ihrem Tee zurück ins Schlafzimmer, kroch ins Bett und zog die Decke bis ans Kinn.

Dann fiel ihr siedend heiß Petunia und die himmelblaue Bank ein. Pia würde heute nicht zur alten Eiche Bank gehen können, Petunia würde umsonst warten und sich vielleicht im Stich gelassen fühlen! Hätte sie doch bloß eine Handynummer! Jetzt rächte sich, dass Pia immer wieder vergessen hatte, Petunia ihre Fragen zu stellen. Ihr war zum Heulen zumute, bis ihr die telepathischen Fähigkeiten der alten Dame einfielen. Bestimmt würde sie WISSEN, dass Pia krank war, aber sicherheitshalber schloss Pia die Augen und konzentrierte sich darauf, Petunia eine Botschaft zu senden.

„Ich bin krank und kann nicht kommen, ich bin krank und kann nicht kommen, ich bin krank und kann nicht kommen“, wiederholte sie in Gedanken und dabei richtete sie den Laserstrahl ihres Geistes auf den flaumweichen Dutt des alten Fräuleins, der über der himmelblauen Bank schwebte. Das war anstrengend und Pia schlief darüber ein.

Sie träumte.

In ihrem Traum sah Pia Petunia und sich selbst auf der himmelblauen Bank sitzen. Nur dass die Bank diesmal nicht unter der alten Eiche stand, sondern ganz offensichtlich auf einer Wolke thronte. Das Wolkenkuckucksheim, dachte Pia im Traum mit absoluter Gewissheit. Petunia hatte ihre große schwarze Handtasche dabei, aus der sie unaufhörlich irgendwelche Dinge holte. Scheren, Autos, Blumen, ein kleines Einhorn, Stiefel, Männer, Teetassen, Telefone, Hunde und schließlich eine blonde, gelockte Perücke, die genauso aussah wie die Haare ihrer Lieblingspuppe, mit der Pia als Kind Prinzessin gespielt hatte.

Pia schreckte aus dem Schlaf hoch und die letzten Fetzen ihres Traums verflogen in der stickigen Luft ihres Schlafzimmers. Ihre Kopfschmerzen waren schlimmer geworden und ihr Hals brannte. Sie erinnerte sich an die Packung Aspirin im Badezimmer, war aber zu müde, um aufzustehen. Mühsam angelte sie sich die Teetasse vom Nachttisch und trank sie mit kleinen Schlucken aus. Herkules spielte Bettvorleger und fiepte leise.

Hundefutter, dachte Pia. Sie riss sich zusammen, stieg aus dem Bett und schlich mit wackeligen Knien und trüben

Augen in die Küche, um Herkules zu verköstigen. Dann nahm sie doch zwei Aspirin, trank ein Glas kaltes Wasser und tat sich selbst leid. So war das, wenn man allein lebte. Niemand da, der sich um einen kümmerte. Ob sie ihre Mutter anrufen sollte? Aber die würde nur kommen, ihr Hühnersuppe kochen, das Haus putzen und sie mit Fragen löchern. Keine Option in ihrem Zustand. Sie ließ Herkules noch einmal in den Garten und als der sein Geschäft verrichtet hatte, legte sie sich wieder hin.

Tränen stiegen ihr in die Augen. Was hatte sie bloß mit ihrem Leben angestellt? Wie hatte es soweit kommen können? Und warum hatte sie plötzlich das Gefühl, dass sie sich ebenso gut umbringen könnte? Ob sie über Nach depressiv geworden war? Sie hatte gelesen, dass Menschen mit Depressionen oft nicht einmal mehr in der Lage waren, das Bett zu verlassen, weil sie keinen Sinn im Leben sahen. Sie setzte sich auf und stellte probeweise die Füße auf den Boden. Kein Problem, sie konnte das Bett durchaus noch verlassen, sie wollte nur nicht. Das Aspirin begann zu wirken und die Kopfschmerzen ließen ein wenig nach. Ich bin einfach nur krank, dachte Pia, kann ja jedem mal passieren. Sie beschloss, wieder einzuschlafen und das tat sie dann auch.

Es war ein unruhiger Schlaf und Herkules beobachtete besorgt, wie Pia sich im Bett hin und her wälzte und leise stöhnte. Seufzend legte er den Kopf auf die Pfoten und schlief ebenfalls ein.

Diesmal träumte Pia von der himmelblauen Bank, die unter der alten Eiche stand wie es sich gehörte. Sie drehte sich zu Petunia, die sich mit ihrem himmelblauen Tüchlein zierlich den Schweiß von der Stirn tupfte und fragte: „Wer sind Sie eigentlich?“

„Warum ist das wichtig?“, fragte Petunia zurück.

„Das ist eben wichtig! Sie tauchen hier einfach so zusammen mit der Bank auf und erklären mir das Leben und tun lauter komische Dinge und na ja ... das ist doch interessant“, endete Pia ein wenig lahm. „Sind Sie vielleicht ein Engel, oder so?“

„Und wenn ich einer wäre, würde Sie das zufriedenstellen, mein liebes Kind?“

„Das wäre jedenfalls eine Erklärung. Von Engeln hört man ja immer wieder.“ Pia schaute Petunia bittend an. „Es ist so komisch, wenn etwas unerklärlich ist“, sagte sie hilflos.

Petunia lächelte milde. „Es ist so verführerisch, nicht wahr, sich auf Schlussfolgerungen zu einigen, die vermeintlich einfache Erklärungen für unerklärliche Dinge liefern. Viel herausfordernder ist es jedoch, die Komplexität von Phänomenen anzuerkennen, ohne diese Phänomene ergründen zu können.“

„Reicht dazu mein Verstand mal wieder nicht aus?“, fragte Pia schnippisch und ein wenig beleidigt.

Petunia wedelte mit ihren zierlichen Händen, als würde sie Fliegen verscheuchen.

„Ich möchte Sie vielmehr dazu einladen, Wunder in Ihrem Leben willkommen zu heißen! Haben Sie noch nie erlebt, dass ein Schmetterling überraschenderweise auf Ihrer Hand gelandet ist, obwohl der so etwas normalerweise nicht tut?“

Pia nickte. „Ja, ich erinnere mich. Der wollte gar nicht wieder wegfliegen!“

„Und haben Sie nicht Freude empfunden, ist Ihr Herz etwa nicht leicht geworden und sind Sie nicht fröhlicher weiter gegangen? Haben Sie danach etwa tagelang gegrübelt, warum dieser Schmetterling das wohl getan hat, oder haben sie sich einfach gefreut und waren dankbar für dieses Erlebnis?“

Pia zuckte mit den Schultern und antwortete widerstrebend: „Wahrscheinlich.“

Petunia seufzte ungeduldig. „Was ist so erstrebenswert daran, das Erklärbare zu erleben, statt ein Wunder geschenkt zu bekommen? Meine liebe Pia, die Welt ist voller Wunder und wenn Sie den Grad Ihrer Freude und Dankbarkeit erhöhen möchten, dann rate ich Ihnen, das anzuerkennen und Ihre persönlichen Wunder zu erwarten."

„Dann werde ich wohl bald mein himmelblaues Wunder erleben, was?" Pia kicherte albern im Traum und in diesem Moment tauchte Petunia mit elegantem Schwung in ihre große schwarze Handtasche und Pia wachte schweißgebadet auf.

Ihr erster Gedanke war, dass sie unbedingt aufschreiben musste, was Petunia da über Wunder gesagt hatte und sie stolperte aus dem Bett und griff nach Block und Kugelschreiber, die beide passenderweise auf der Kommode bereit lagen. Pia kritzelte alles, woran sie sich erinnerte auf den Block und nahm sich vor, es heute Abend fein säuberlich in ihr Tagebuch zu schreiben.

Dann kroch sie wieder in ihr Bett und schloss die Augen. Sie fühlte sich seltsam schwindelig. So wie als Kind, wenn sie sich kopfüber von der Schaukel hängen ließ und die Welt verkehrt herum betrachtete.

Herkules hatte sie beobachtet und beschloss, noch eine Runde zu schlafen, nachdem nichts darauf hindeutete, dass die Gassi Runde kurz bevorstand. Pia tat es ihm gleich.

In diesem Traum gab es einen Fluss. Sie stand am Ufer und in der Ferne sah sie Petunia in einem altmodischen Ruderboot sitzen und ihr zuwinken. Pia wollte zu ihr, aber wie sollte sie das anstellen? Sie sah sich um, aber weit und breit konnte sie kein zweites Boot entdecken. Es würde ihr wohl nichts anderes übrigbleiben, als zu schwimmen. Misstrauisch schaute sie auf das tiefgrüne Wasser. Kalt sah es aus und offenbar gab es eine ordentliche Strömung. Pia war keine besonders gute Schwimmerin und sie hatte es noch nie gemocht, in unbekannte Gewässer einzutauchen. Aber es musste wohl sein, wenn sie Petunia erreichen wollte, die noch immer friedlich in ihrem Boot saß und mittlerweile ihren Sonnenschirm mit den Zuckerwatte-Pompons in der Hand hielt. Vorsichtig stieg Pia das Ufer hinab und glitt ins Wasser, das überraschend tief war. Sie hielt sich an ein paar Grasbüscheln fest, weil sie erst einmal ein Gefühl für die Strömung im Fluss bekommen wollte. Die war gewaltig. Pia fühlte, wie das Wasser an ihren Beinen riss und krampfhaft hielt sie sich an den mickrigen Grasbüscheln fest.

Petunia winkte aufmunternd und rief die ganze Zeit: „Pia, meine liebe Pia! Wollen sie denn nicht ihr himmelblaues Wunder erleben? Pia, meine liebe Pia! Oh Piiiiiiaaaaaaa…“

Die liebe Pia biss sich auf die Lippen und drehte den Kopf, um die Entfernung zum Boot abzuschätzen. Ziemlich weit. Sie wusste nicht, ob sie so lange schwimmen konnte. Andererseits hatte sie mittlerweile kaum noch Kraft in den Armen und die Strömung zerrte immer stärker an ihrem Körper. In diesem Augenblick löste sich ein Grasbüschel aus der schlammigen Erde und Pia wurde vom Fluss mitgerissen. Panisch ruderte sie mit den Armen und versuchte, den Kopf über Wasser zu halten. Je mehr sie sich jedoch abstrampelte, desto stärker schien der Sog zu werden. Würde Petunia ihr mit ihrem Boot zu Hilfe kommen? Pia hoffte es, konnte sich allerdings nicht vorstellen, dass die zierliche alte Dame tatsächlich in der Lage war, die schweren Ruder zu bewegen.

Da hörte sie Petunias Stimme in ihrem Kopf. „Müssen Sie denn immer gegen die Strömung kämpfen? Das ist tatsächlich eine Ihrer lästigeren Angewohnheiten. Wie wäre es, wenn Sie sich der Strömung stattdessen anvertrauen?“

Und weil Petunia es gesagt hatte, tat Pia genau das. Sie gab auf. Es war ein wunderbares Gefühl. Das Wasser trug sie, alle Anstrengung hörte auf und Pia legte sich auf den Rücken und blickte selig in den Himmel. Bis ihr Kopf an etwas prallte. Sie drehte sich um und sah das Ruderboot vor sich. Darüber schwebte Petunias Wölkchendutt und darunter sah Pia das schmunzelnde Gesicht der alten Dame. Mühsam hievte sich Pia an Bord und tropfnass und glücklich saß sie bald darauf Petunia gegenüber, deren große schwarze Handtasche neben ihr auf der Ruderbank stand und völlig unbeeindruckt von den dramatischen Geschehnissen schien.

„Sie haben losgelassen, mein liebes Kind! Das freut mich sehr!"

„Na ja", antwortete Pia verlegen und dachte an die unzuverlässigen Grasbüschel.

„Ist es nicht ein wunderbares Gefühl, sich dem Leben anzuvertrauen?", fragte Petunia euphorisch.

„Und der Fluss ist symbolisch für das Leben, oder? Nicht sehr originell", bemängelte Pia.

„Darf ich Sie daran erinnern, dass dies IHR Traum ist? Davon abgesehen finde ich, dass der Fluss ein klassisches Symbol und allgemein verständlich ist. Weshalb sollte man Bewährtes verachten, wenn es noch bestens funktioniert?"

„Na gut", sagte Pia ergeben. „Ich habe also losgelassen und mich vom Leben tragen lassen. Es hat sich tatsächlich gut angefühlt. Aber auf welchen konkreten Fall in meinem Leben soll ich diese Erkenntnis jetzt anwenden?"

„Sie erinnern sich doch noch an unser Gespräch von gestern, nicht wahr? In dem es um die Vergangenheit ging und speziell um die Ihr Liebesleben betreffende Vergangenheit? Gestern haben Sie losgelassen von dieser Vergangenheit, nicht wahr?"

Pia nickte langsam. „Irgendetwas hat sich gestern in mir verändert. Ich habe mich nicht mehr geärgert über Tom und war auch nicht mehr traurig wegen ihm."

„Und sie versehen seinen Namen tatsächlich nicht mehr mit dem Adjektiv „blöd"! Das nenne ich einen gewaltigen Fortschritt. Ich bin stolz auf Sie, mein liebes Kind." Petunia klopfte Pia anerkennend mit dem geschlossenen Sonnenschirm auf die Schulter.

Pia seufzte. „Aber ich hab überhaupt keine Ahnung, wie ich das gemacht habe. Also das Loslassen von der Tom-Vergangenheit. Ich würde schon gern wissen, wie ich das geschafft habe, damit ich das künftig wieder tun kann, meine ich ... sollte ich nochmal was loslassen wollen."

„Das ist ganz einfach. So wie Sie die Grasbüschel losgelassen haben, nicht wahr?" Petunia zog die Augenbrauen hoch und schaute Pia mahnend in die Augen.

Die wurde rot. „Na ja, manchmal hilft halt das Schicksal."

Petunia ließ ihr glockenklares Lachen hören. „Für diesen kleinen Stolperstein können Sie dankbar sein. Und Sie können sich darauf verlassen, dass es immer wieder einen solchen Stolperstein geben wird, wenn Sie sich dazu entschließen, dem Leben zu vertrauen. Dankbarkeit für die Stolpersteine und der Fokus auf das, was Sie sich wünschen. Das ist das Geheimnis des Loslassens."

In diesem Moment sprang Herkules aufs Bett und leckte Pias Nase. Sie fuhr aus dem Schlaf und hielt sich am Bett fest, als wäre es ein Boot, das auf den Wellen schaukelte.

„Moment, Süßer. Ich lass dich gleich raus." Pia schnappte sich Block und Kugelschreiber vom Nachttisch und schrieb auf, woran sie sich erinnerte. „Ich hab so echt geträumt, Herkules. Das kannst du dir gar nicht vorstellen!"

Herkules wollte es sich gar nicht vorstellen, Herkules wollte raus. Er kläffte laut, um Pia anzutreiben und die beeilte sich, ihm die Tür zum Garten zu öffnen und sich zurück ins Bett zu begeben. Die Tür würde sie offen lassen, das Wetter war warm genug. Dann schlief sie wieder ein.

Wenig später spazierte Petunia durch die geöffnete Gartentür und setzte sich auf die himmelblaue Bank, die merkwürdigerweise jetzt ins Pias Schlafzimmer stand. Pia saß ebenfalls darauf und trug ein weißes Kleid. Auf dem Haar hatte sie einen Kranz aus Gänseblümchen. Sie fühlte sich gar nicht mehr krank. Im Gegenteil, sie fühlte sich ganz besonders wach und munter und fröhlich und sie konnte gar nicht aufhören zu lächeln.

Petunia nickte wissend und bemerkte beiläufig: „Das ist die Pia, die Sie wirklich sind. Ich wollte Sie Ihnen zeigen, damit Sie künftig einen Referenzpunkt haben, sollten sie die Stolpersteine wieder einmal mit Beschwernissen verwechseln. Zudem wollte ich Sie darauf hinweisen, dass die körperlichen Symptome, die Sie als Krankheit bezeichnen und denen Sie gerade unterliegen, nichts Besorgniserregendes sind. Es sind im Gegenteil Anzeichen dafür, dass Sie etwas losgelassen haben. Menschliche Körper bleiben eben nicht unbeeinflusst von emotionalen Vorgängen."

Pia nickte fröhlich unter ihrem Gänseblümchenkranz, als wäre das eine altbekannte Tatsache für sie. Eine Frage hatte sie aber doch noch.

„Wieso passiert das alles eigentlich ausgerechnet mir? Also, wieso sind Sie mir passiert? Das wollte ich schon die ganze Zeit wissen. Ich bin doch nichts Besonderes und weiß gar nicht...", Pia zögerte verlegen ... „womit ich das verdient habe?"

Petunia tätschelte beruhigend Pias Knie unter dem weißen Gewand. „Ich habe diese Frage natürlich erwartet und möchte sie mit einem entschiedenen „Warum nicht?" beantworten. Habe ich Ihnen nicht erklärt, dass die Welt voller Wunder ist und dass Sie solche Wunder durchaus erwarten sollten? Das ist etwas, was sie gerne gewusst hätten, also hat das Leben Ihnen dieses Wissen vermittelt. Auf welche Weise solche Dinge geschehen ist ja nebensächlich, nicht wahr? Dennoch möchte ich Sie darauf hinweisen, dass in Ihnen ein unbändiger Wunsch nach Wundern war. Sonst hätten Sie mich nicht erleben können."

„Mein himmelblaues Wunder." Pia lächelte selig, Petunia löste sich in Luft auf und die himmelblaue Bank schwebte durch die geöffnete Gartentür hinaus, durch die Herkules eben wieder hereinkam und schnurstracks zu Pias Bett lief. Er wunderte sich sehr, dass sein Mensch schon wieder im Bett lag. Er dachte bei sich, dass dies doch wirklich ein seltsamer Tag sei.

Spät am Abend saß Pia bei Kerzenschein am Küchentisch und Herkules darunter. Er kaute glücklich an einem besonders großen Stück Parmesankäse, das Pia ihm zum Trost für die entgangenen Spaziergänge überreicht hatte. Pia hatte ihre Traumnotizen neben sich liegen und ihr Tagebuch aufgeschlagen vor sich. Sie begann zu schreiben.

> *Ich darf Wunder erwarten. Wunder sind etwas Wunderbares, vor allem deswegen, weil sie nicht erklärbar sind. Wenn ich Dinge nicht erklären muss, dann kann ich mich auf die Freude einlassen, die sie mir machen. Wenn ich etwas Wunderbares erlebe, dann fühle ich mich leicht und genau richtig. So wie die Pia, die ich eigentlich bin. Die Pia, die ich wirklich bin, die ist glücklich und dankbar und freut sich auf die Zukunft. Wenn ich so bin, dann geht es gar nicht anders, als dass ich meine Stolpersteine als das sehe, was sie sind: als Hilfe. Petunia ist ein Wunder, das ich nicht erklären muss und das ich in mein Leben gezogen habe, weil ich mir ganz dringend ein Wunder gewünscht habe, auch wenn ich das nicht wusste. Loslassen ist eine gute Sache und auch wenn ich manchmal ein paar unzuverlässige Grasbüschel dazu brauche, lasse ICH los, weil ich mich nicht mehr auf das konzentriere, was losgelassen werden soll, sondern auf das, was ich erleben will. Weil ich mich nicht mehr ärgere und nicht mehr traurig bin über das Vergangene und mich auf das freue, was*

kommt. So funktioniert loslassen und das ist das ganze Geheimnis.
PS: und manchmal fühlt man sich danach krank, weil der Körper auch loslassen muss. Aber das ist ok.

Pia schnappte sich das Fieberthermometer und steckte es sich unter die Achsel. Sie fühlte sich schon deutlich besser und ja, das Fieber war gesunken, stellte sie mit einem Blick auf die Anzeige fest. Es war ein guter Tag, fand sie. Sie wusste noch immer nicht ganz genau, was sie eigentlich losgelassen hatte. Sie wusste nur, dass es etwas Wichtiges gewesen war und dass eine Klarheit in ihr herrschte, die sie nie zuvor gekannt hatte, eine Befreiung, eine Wachheit, etwas, das vollkommen unvertraut war. Gute Sache, dachte sie und dann ging sie wieder mal ins Bett.

Das lange Warten

Loslassen ist etwas anderes als Aufgeben. Das eine fühlt sich sehr gut an, das andere weniger und es ist gut, den Unterschied zu spüren.

In der Teestube war kein Tisch mehr frei und Pia hatte alle Hände voll zu tun. Miss Kirschtörtchen war gerade gegangen und ein offenbar frisch verliebtes Pärchen hatte sich an den von ihr verlassenen Tisch gesetzt. Während die beiden die Karte studierten, steckten sie die Köpfe so eng zusammen, dass kein Groschenheft mehr dazwischen gepasst hätte. Pia betrachtete die Turteltäubchen und stellte fest, dass sie dabei ein gewisses Wohlwollen verspürte. Ganz im Gegensatz zu dem Neid, der sie normalerweise überfiel, wenn sie mitansehen musste, wie zwei Leute miteinander glücklich waren.

Sie klopfte sich im Geiste selbst auf die Schulter und nahm sich vor, Petunia am Nachmittag von dieser für sie ungewöhnlichen Reaktion zu erzählen. Da hab ich wohl was gelernt, dachte Pia und räumte die Spülmaschine aus. Sie freute sich sehr auf die nächste Lektion mit der alten Dame, vor allem, weil sie ihr von ihrem „freien Tag“ berichten wollte. Sie war gespannt, ob Petunia wusste, welch bedeutsame Rolle sie in Pias Fieberträumen gespielt hatte.

Herkules lief fröhlich voraus. Er freute sich wohl auch schon auf Petunia und malte sich wahrscheinlich schon aus, welche Köstlichkeiten sie aus ihrer großen schwarzen Handtasche zaubern würde. Die himmelblaue Bank leuchtete einladend vor dem Grün des Waldes und ein leises Gefühl von Enttäuschung breitete sich in Pia aus. Die Bank war leer. Langsamer als zuvor ging sie weiter und schaute sich dabei suchend um. Noch nie war Petunia nach ihr gekommen, aber sie war ja immer für eine Überraschung gut, versuchte Pia sich selbst zu überzeugen. Dennoch hatte sie ein komisches Gefühl. Was, wenn Petunia nicht käme? Was sollte sie dann tun?

Mittlerweile hatte Pia die Bank erreicht und ließ sich zögernd darauf nieder. Herkules schnüffelte fragend die Sitzfläche ab, setzte sich schließlich hin und ließ ein klagendes Fiepen hören. Kein weißer Wolkendutt, so weit das Auge reichte.

Die Situation hatte sich auch eine halbe Stunde später nicht gebessert. Herkules hatte unterdessen mehrere Ausflüge in den Wald und an den Bach gemacht, Pia hatte sich die Augen nach einem himmelblauen Fräulein ausgeschaut und noch immer saß sie alleine auf der Bank. Sie musste sich wohl mit der Tatsache abfinden, dass Petunia heute nicht kommen würde. Zwecklos, weiter zu warten. Vielleicht war sie ja beleidigt, weil Pia gestern nicht gekommen war? Aber Pia konnte sich beim besten Willen keine beleidigte Petunia vorstellen. Das passte einfach nicht zu ihr.

Seufzend nahm sie Herkules an die Leine und machte sich auf den Heimweg. Nur nicht verzweifeln, machte sie sich selbst Mut. Morgen ist auch noch ein Tag und morgen ist Petunia bestimmt wieder da!

Doch auch am nächsten Tag blieb Pia allein auf der Bank und genauso am übernächsten Tag. Es fiel ihr schwer, nicht zu verzweifeln und ihren Magneten auf Freude und so weiter auszurichten. Ein tiefes Loch hatte sich vor ihr aufgetan und sie musste aufpassen, dass sie nicht hineinfiel.

Ob die Lektionen wohl schon beendet waren? Pia grübelte. Oder ob Petunia etwas zugestoßen war? Schließlich war sie eine sehr alte, sehr zerbrechliche Dame! Doch irgendwie mochte Pia das nicht glauben. Petunia kam ihr vor wie eine Himmelsmacht, durch nichts zu erschüttern.

Wenn Petunia nicht da war, dann deswegen, weil sie nicht da sein wollte. Pia musste sich damit abfinden und so gut es eben ging, damit fertig werden.

Sie las immer wieder in ihrem Tagebuch und war dankbar, dass sie es geführt hatte. So viele Seiten waren noch leer und Pia stellte sich vor, wie sie die restlichen mit Petunias Weisheiten füllen würde. Sie konnte einfach nicht glauben, dass die alte Dame sang- und klanglos aus ihrem Leben verschwinden würde. Niemals die Hoffnung aufgeben, ermahnte sie sich und konzentrierte sich auf den Magneten in ihrem Bauch und den Kompass, dem sie einen Platz in ihrem Herzen zugewiesen hatte. Dann richtete sie ihre Antennen auf die wirkliche Pia mit Gänseblümchenkranz und atmete tief durch.

Sie würde etwas unternehmen. Etwas, das sie sich vorgenommen und noch nicht getan hatte. Sie würde ihre beiden Freundinnen Maja und Helene anrufen und hoffen, dass die sich darüber freuen würden. Es war Zeit, die selbstgewählte Einsiedelei aufzugeben und wieder am Leben teilzunehmen. Pias Entschluss stand fest. Wenn ich etwas anderes erleben will, muss ich MICH verändern, dachte sie. Allein die Tatsache, dass sie Lust auf etwas Neues verspürte, zeigte ihr, dass sie sich tatsächlich bereits verändert hatte. Sie fühlte sich plötzlich sehr erleichtert, ja geradezu leicht und flauschig. Das ist dann wohl das Zeichen, dass ich auf der richtigen Spur bin. Pia dachte daran, was Petunia gesagt hatte: „Gefühle sind wichtig und wenn Sie sich gut fühlen, dann ziehen Sie mehr Dinge an, die dafür sorgen, dass Sie sich noch besser fühlen." Oder so ähnlich.

Sie sprang auf, schnappte sich ihr Handy und hoffte, dass Maja und Helene ihr verzeihen würden, dass sie sich so lange nicht gemeldet hatte.

Tatsächlich hatten sich ihre Freundinnen sehr über Pias Anruf gefreut und jetzt saßen alle drei zusammen in ihrer

Lieblingspizzeria bei einem Glas Rotwein und warteten aufs Essen. Herkules lag unter dem Tisch und wartete ebenfalls. Pia fühlte sich wohl. Ihr war gar nicht klar gewesen, wie sehr sie die Gesellschaft von Freunden vermisst hatte. Sie hob ihr Glas und prostete Helene und Maja zu: „Ab jetzt wollen wir das wieder öfter machen, findet ihr nicht auch?“ Die Gläser klirrten zustimmend und Maja stieß Pia mit dem Ellbogen an.

„Was hat dich denn dazu gebracht, dich endlich wieder zu melden? Ich hatte dich schon fast aufgegeben“, grinste sie.

„Nichts Besonderes“, antwortete Pia verlegen. „Ich hatte einfach Sehnsucht nach euch.“

„Hast du diesen blöden Tom endlich überwunden?“, fragte Helene mitfühlend. „So ein mieser Typ, einfach so ohne Erklärung Schluss zu machen!“

Pia krümmte sich innerlich. Das hatte ihr gerade noch gefehlt, an die alten Geschichten erinnert zu werden. Gerade jetzt, wo sie so lässig die Grasbüschel ihrer Vergangenheit losgelassen hatte. Vielleicht war es doch keine so gute Idee gewesen, ihrer alten Freundinnen wiederzutreffen. Am besten stellte sie gleich klar, wie das hier laufen würde.

„Wisst ihr was? Ich bin keine Problembewunderin“, warf sie hin, so gelassen es ihr möglich war.

Helene und Maja starrten sie an.

„Du bist keine was?“, fragten sie im Chor.

„Keine Problembewunderin!“ Pia kratzte mühsam die Reste ihres Selbstbewusstseins zusammen. „Ich möchte mich lieber über unsere Pläne unterhalten, als in alten Wunden zu wühlen.“ Das klang sehr gut, fand sie.

„Ok, sag mir sofort, wen du kennengelernt hast.“ Maja schaute sie neugierig an. „Wer ist der Typ?“

Pia wurde rot und dachte an Petunia. „Das ist ein Geheimnis.“ Und dann nahm sie einen großen Schluck Rotwein und war sehr erleichtert, dass ihre Freundinnen durch den Kellner abgelenkt wurden, der jetzt ihre Pizzen brachte.

Der Abend war schön gewesen und Pia hatte es genossen, mit Helene und Maja zusammen zu sein. Herkules dagegen hatte die vielen Stückchen Pizzarand genossen, die ihm unter dem Tisch gereicht worden waren. Gemeinsam wanderten die beiden nach Hause und Pia dachte daran, wie leicht es gewesen wäre, in alte Gewohnheiten zurückzufallen und ihre „Probleme" mit ihren Freundinnen wieder und wieder durchzuhecheln, wie sie es früher so gern getan hatte. Sie war keine Problembewunderin mehr, dachte sie stolz. Petunia wäre sehr zufrieden gewesen.

Der Gedanke an die alte Dame versetzte ihr einen kleinen Stich und sie überlegte, welchen Rat Petunia ihr gegeben hätte, würde sie jetzt neben ihr auf der himmelblauen Bank sitzen. Wahrscheinlich würde sie so etwas sagen wie: „Mein liebes Kind, werden Sie sich bewusst, was sie wollen! Glücklich sein, nicht wahr? Und wo finden Sie dieses Glück? In sich. Und sie können es hervorlocken, wenn Sie Dankbarkeit empfinden, statt traurig oder ärgerlich zu sein."

In diesem Augenblick stieg eine unbändige Dankbarkeit für Petunia in ihr auf. So dankbar war sie, dass ihre Augen nass wurden. Es fühlte sich an, als hätte sich ein Gewicht von ihren Füßen gelöst und Pia hatte den Eindruck, als würde sie zu schweben beginnen.

Sie schaute auf ihre Füße in den ausgelatschten Boots, die – wie es sich gehörte – absolute Bodenberührung hatten und lokalisierte das Schwebegefühl in ihrem Herzen. Es fühlte sich ganz einfach wunderbar an. Nur die alten Stiefel ... die würde sie morgen durch neue ersetzen. Es war mal wieder Zeit für einen Besuch im Schuhgeschäft.

Beschwingt von ihrem Einkauf – es waren Stiefel ohne Reißverschluss geworden – marschierte Pia am nächsten Tag mit Herkules zur großen Wiese, damit der ein paar nichtsahnende Mäuse erschrecken konnte. Ohne große Hoffnung schaute sie zum Waldrand, doch da schwebte ein wolkenweicher weißer Dutt durch den Schatten, den die Eiche warf und darunter trippelte Petunia zur himmelblauen Bank.

„Petunia!" Schnell lief Pia zur alten Eiche und Herkules hechelte hinterher. Natürlich kam er vor ihr an und sprang so begeistert an der alten Dame hoch, dass Pia um deren Gleichgewicht zu fürchten begann. Doch Petunia stand der alten Eiche in Sachen Standfestigkeit in nichts nach. Liebevoll tätschelte sie den Kopf des kleinen Terriers, der sich daraufhin artig hinsetzte und mit kandiszuckerbraunen Augen anbetend zu ihr aufsah. Pias dunkelblaue Augen hatten einen ähnlichen Ausdruck, als sie Petunia anstarrte.

„Da sind Sie ja wieder!"

„Wo sollte ich denn wohl sonst sein, mein liebes Kind? Lassen Sie uns auf der Bank Platz nehmen und ein wenig plaudern." Petunia setzte sich und stellte ihre große schwarze Handtasche neben sich auf den Boden. Pia hatte den Eindruck, dass sie keine großartigen Erklärungen für die lange Abwesenheit der alten Dame bekommen würde und setzte sich ebenfalls. Die Tüte mit den neuen Stiefeln verstaute sie unter der Bank.

„Sie haben also festgestellt, dass Ihre Wünsche sich sehr viel leichter erfüllen, wenn Sie glücklich sind." Petunia blickte Pia forschend an. „Möchten Sie mir davon erzählen?"

Pia nickte eifrig. „Ich habe Ihnen so viel zu erzählen! Ich war nämlich einen Tag lang krank. Weil ich was losgelassen hatte und mein Körper das auch getan hat. Jedenfalls hatte ich den ganzen Tag lang einen Traum nach dem anderen und ich muss Ihnen unbedingt erzählen, was da alles passiert ist!“

„Ja aber wozu denn? Schließlich war ich ja dabei, mein liebes Kind!“

Pia klappte den Mund zu. Dann machte sie ihn wieder auf, weil sie mit geschlossenem Mund nicht reden konnte. „Das heißt, sie haben die gleichen Träume geträumt?“

„Machen Sie sich darüber keine Gedanken, meine Liebe.“ Petunia klopfte Pia mit zarter Hand auf die Schulter. „Lassen Sie mich nur so viel sagen: ich fand unsere gemeinsamen Träumereien sehr unterhaltsam und bin froh, dass Sie Ihr Tagebuch weitergeführt haben. Lassen Sie uns lieber darüber sprechen, welch wertvolle Erfahrung Sie gemacht haben, als Sie gestern Abend nach Hause spazierten.“

„Ich habe wieder gemerkt, dass man glücklich und froh wird, wenn man dankbar ist?“, fragte Pia zögernd.

„Auch das. Aber vor allem haben Sie bemerkt, wie schnell sich Wünsche erfüllen können, wenn man loslässt von der Angst, dass sie sich nicht erfüllen könnten und sich auf andere Dinge konzentriert, die glücklich machen.“

Pia war verwirrt. „Welcher Wunsch hat sich denn erfüllt?“ Als sie das fragte, kam sie sich so verständnislos vor wie eine Kuh, der man versuchte, den Satz des Pythagoras zu erklären.

Petunia schüttelte nachsichtig den Kopf, wobei ihr Wölkchendutt leise zitterte.

„ICH habe mich erfüllt! Mit anderen Worten, Ihr Wunsch, mich wiederzusehen und unsere Unterhaltungen fortzusetzen, hat sich erfüllt.“

„Oh!“ Pia ließ diese Erkenntnis ein wenig sacken. „Das heißt, weil ich mir neue Stiefel gekauft habe und meine Freundinnen getroffen habe, sind Sie wieder aufgetaucht?“

„Das und weil es Ihnen gelungen ist, Freude und Dankbarkeit zu empfinden, was wiederum dazu geführt hat, dass Sie die wirkliche Pia in sich wach gekitzelt haben, die einfach nur glücklich ist. Sie wissen schon ... die mit dem Gänseblümchenkranz." Petunia zwinkerte vertraulich. „Weiß steht Ihnen übrigens besonders gut. Besitzen Sie eigentlich Kleider oder tragen Sie immer nur diese Jeans und T-Shirts? Nicht dass es darauf ankäme, aber es ist immer von Vorteil, wenn man darüber nachdenkt, was man gern hätte und wer man gern wäre. Kleine Wünsche haben die seltsame Angewohnheit, sich zu verstecken und erst aufzutauchen, wenn man sie durch Fragen hervorlockt."

Pia überging die Frage nach ihren Klamotten, obwohl oder vielleicht gerade weil sie an etwas rührte, worüber sie gerade nicht nachdenken wollte. Stattdessen stürzte sie sich aufs Wesentliche.

„Sie haben gesagt, ich soll darüber nachdenken, wer ich gern wäre. Aber ist man denn nicht einfach so, wie man eben ist?"

„Eine interessante Frage. Bei der Beantwortung gibt es sozusagen zwei Ebenen. Auf der einen sind Sie die Pia mit dem Gänseblümchenkranz – die übrigens ganz reizend in weißen Kleidern aussieht – und auf der anderen Ebene sind Sie das Produkt Ihrer Programmierung."

„Und wer hat mich programmiert? Ich bin doch kein Computer oder so."

„Alle Menschen werden sozusagen „programmiert" durch die Erfahrungen, die sie von frühester Kindheit an machen. Darüber haben wir ja schon gesprochen. Die Folge dieser Programmierung zeigt sich in dem Leben, das die Menschen führen und vor allem darin, welches Bild sie von sich selbst haben. Wie würden Sie sich denn selbst beschreiben, mein liebes Kind?"

Pia zuckte verlegen mit den Schultern.

„1,68 groß, fast schlank, dunkle lange Haare, blaue Augen, der Jeans und T-Shirt Typ..." Sie warf Petunia einen entschuldigenden Blick zu. „Ansonsten mittelschlau, mittelnett, mittelbeliebt. Erfolglos in der Liebe, erfolglos im Job, erfolglos halt. Ziemlich langweilig eigentlich, aber ohne größeren Dachschaden."

Missbilligend blickte Petunia auf die mittelprächtige Pia.

„Wenn Sie sich so sehen, dann werden ihre Mitmenschen sie genauso sehen. Und sie werden das Leben dieser Person führen, die Sie eben beschrieben haben. Möchten Sie das?"

„Nicht unbedingt", sagte Pia erstaunt. „Wollen Sie damit sagen, dass es Einfluss auf mein Leben hat, wie ich mich sehe?"

„Das ist so sicher wie das Amen in der Kirche, wenn Sie mir diese platte Floskel gestatten."

Petunia öffnete ihre Handtasche und suchte eine Weile darin herum, bevor sie einen schweren, goldgerahmten Spiegel herausfischte, der genauso aussah wie der von der bösen Königin. Den hielt sie Pia vor die Nase und fragte bedeutungsschwer:

„Was sehen Sie?"

Vorsichtig schaute Pia in den Schneewittchen Spiegel. Was ihr entgegen blickte waren zwei dunkelblaue Augen, die so schön waren, dass es ihr die Sprache verschlug.

„Wow", hauchte sie. „Das will ich sein!"

„Und was dieses „Ich" ist, das müssen Sie herausfinden." Petunia steckte den Spiegel zurück in die Handtasche und stand geschäftig auf. „Das ist übrigens Ihre Hausaufgabe bis morgen Nachmittag." Da war sie wieder, die Gouvernante. „Finden Sie heraus, wie sie von anderen gesehen werden möchten. Das wird Ihnen dabei helfen zu entdecken, wer Sie sein möchten."

Pia war versucht, die Hacken zusammenzuschlagen und „Jawoll!" zu rufen, aber sie war viel zu froh darüber, dass Petunia morgen wieder hier sein würde. Deswegen stand sie ebenfalls artig auf und pfiff nach Herkules, der offenbar einen ereignisreichen Ausflug hinter sich hatte, wenn man das aus dem Dreck schließen konnte, der Pfoten und

Schnauze verzierte. Petunia winkte zierlich mit den Fingern und ging leichtfüßig ihrer Wege, während eine beflügelte Pia mit Herkules in die andere Richtung strebte. Die Tüte mit den Stiefeln ruhte friedlich unter der Bank.

Zuhause angekommen beeilte sich Pia, zu ihrem Tagebuch zu kommen. Doch vorher fütterte sie den sehr hungrigen Herkules und öffnete die Tür zum Garten, um die Abendsonne hereinzulassen. Dann dachte sie eine Weile nach, bevor sie zu schreiben begann.

> *Meine Wünsche erfüllen sich leichter, wenn ich sie loslasse. Loslassen bedeutet ganz einfach, dass ich nicht daran zweifle, dass sie sich erfüllen. Wenn ich darauf vertraue, dass sie sich erfüllen, dann kann ich mich auf andere Dinge konzentrieren, die mir Freude machen. Dadurch werde ich froh und dankbar und fühle mich total leicht, was wiederum dazu führt, dass ich Dinge anziehe, die mich froh machen und so erfüllen sich Wünsche. Dankbar zu sein ist ganz einfach. Ich muss nur an die Sachen denken, für die ich dankbar bin. Selbst wenn das Petunia ist, meine liebe Gouvernante. (Scherz) Heute habe ich gelernt, dass ich wunderschöne Augen habe. Man soll sich zwar nicht selbst loben (ich bin fast sicher, dass Petunia dem widersprechen würde), aber es sind wirklich schöne Augen, die eigentlich nur zu einer Person gehören können, die ganz wunderbar ist. So möchte ich mich sehen. Als eine wunderbare Person, die von anderen Menschen als wunderbar empfunden wird. Denn wenn ich wunderbar bin, dann wird mein Leben wunderbar. Ich muss nur alle möglichen Programmierungen loswerden und dann geht's los!*

Pia fühlte sich ein wenig albern und malte ein großes Herz hinter den letzten Satz. Dann ging sie in den Garten hinaus zu Herkules, der friedlich im Gras schlief und nicht einmal die Nachtigall hörte, die so schön sang. Oh Romeo, oh Romeo ... Pia war noch immer ein wenig albern zumute, aber sie gestand sich ein, dass ein Romeo durchaus im Bereich des Möglichen lag. Dann fiel ihr mit einem Schlag die Tüte mit den neuen Stiefeln ein, die unter der himmelblauen Bank einer einsamen Nacht entgegensah.

Verdammt ... doch bevor sie sich die Haare wegen ihrer blöden Vergesslichkeit raufte, erinnerte sie sich an die Tatsache, dass das nur wieder mal ein komischer Stolperstein war, für den sie sicher irgendwann dankbar wäre ... vielleicht ... hoffentlich!

Widerstand bringt gar nichts

Von Selfies und Momentaufnahmen. Das Leben wird leicht, wenn man seiner Linie treu bleibt und nicht aus der Spur gerät.

So oft Pia auch in ihren Badezimmerspiegel schaute – sie sah nicht die Augen, die ihr gestern im Schneewittchen Spiegel entgegengeblickt hatten. Die Augen im Spiegel über dem Waschbecken waren durchaus hübsch, hielten aber keinen Vergleich aus mit der Tiefe und dem Wissen, das die anderen Augen ausgestrahlt hatten. Pia kam zu dem Schluss, dass Petunia es irgendwie geschafft hatte, ihr die andere, die wirkliche Pia zu zeigen, die mit dem weißen Kleid und dem Gänseblümchenkranz. Ob ich es jemals schaffen werde, mein wahres Ich an die Oberfläche zu locken? Pia betrachtete sich verzagt im Spiegel. Oder würde sie immer die mittelprächtige Pia bleiben, die sie jetzt war? Das erinnerte sie an die Hausaufgabe, mit der ihre liebe Gouvernante sie beauftragt hatte. Sie nahm sich vor, das während der Arbeitszeit zu erledigen und hoffte, dass nicht allzu viel Betrieb in der Teestube herrschen würde.

Das war übrigens der nächste Punkt, den sie angehen wollte. Den Job in der Teestube hatte sie nach der Geschichte mit Tom angenommen, weil sie zu deprimiert gewesen war, um weiter auf eine Stelle bei irgendeiner Modezeitschrift zu hoffen. Pia dachte an all die Entwürfe und Skizzen für wunderschöne Klamotten, die in irgendeiner Schachtel auf dem Dachboden verrotteten. An all die Artikel, die sie geschrieben und mit denen sie gehofft hatte, einen Redakteur von sich zu überzeugen. Damals hatte sie auch angefangen, nur noch Jeans und T-Shirts zu tragen. Ich habe aufgegeben, dachte sie bedrückt, einfach das Handtuch geschmissen. Und dann fragte sie sich, was der Unterschied zwischen aufgeben und loslassen war. Sie wusste nur, dass aufgeben sich mies und loslassen sich herrlich anfühlte. Sie würde mit Petunia darüber sprechen.

Pia hatte Glück und der Trubel in der Teestube hielt sich in Grenzen. Sie hatte Zeit genug, darüber nachzudenken, wer sie sein wollte und wie sie von anderen gesehen werden wollte, was wohl aufs Gleiche herauskam. Sie hatte sich einen Zettel auf die Theke gelegt und immer, wenn ihr etwas zu ihrer neuen Persönlichkeit einfiel, notierte sie es.

„Was schreibst du denn da die ganze Zeit?“, Margots gerötetes Gesicht tauchte aus der Küche auf. „Jedes Mal, wenn ich hier rauskomme, stehst du herum und kritzelst auf diesen Zettel!“ Pias Chefin war offenbar schlechter Laune, ganz im Gegensatz zu ihrem sonstigen, sonnigen Selbst.

„Ach Margot, jetzt reg dich doch nicht so auf!“ Pia schaute ärgerlich auf. „Das sind wichtige Sachen, die mir einfallen und die ich nicht vergessen möchte. Ist doch sowieso nichts los gerade.“

Das brachte Margot ganz offensichtlich noch mehr in Rage. „Wenn hier nichts los ist, dann ist das nicht der geringste Grund, sich zu freuen und schon gar kein Grund, blöd rumzustehen. Du kannst die Spülmaschine ausräumen, die Tische abwischen, den Boden kehren, die neuen Kuchen aus der Küche holen und das Schaufenster dekorieren! Ich bezahle dich doch nicht fürs Schreiben!“

Pia verschlug es die Sprache und sie spürte, wie ihre Wangen sich röteten und eine zornige Hitze sich in ihrem Bauch ausbreitete.

„Nur weil du miese Laune hast, musst du mich nicht so anbrüllen!“, fauchte Pia zurück. Sklaventreiberin, dachte sie wütend und dann schrieb sie auf den Zettel „Ich möchte jemand sein, der von anderen freundlich behandelt wird.“ Dann warf sie den Kugelschreiber auf die Theke und begann, die Spülmaschine auszuräumen. Margot verschwand wieder in der Küche und Pia hörte, wie sie lauter als sonst mit dem Geschirr klapperte.

Für den Rest des Vormittags gingen die beiden sich aus dem Weg und Pia war heilfroh, als sie gehen konnte. Margot hatte sich nicht einmal von ihr verabschiedet.

Auf dem Weg zur alten Eiche bemühte Pia sich, ihren Ärger loszuwerden, indem sie sich auf den Magneten in ihrem Bauch konzentrierte, der im Augenblick ganz eindeutig auf Krawall gebürstet und sauer auf ungerechte Chefinnen war. Der Duft der frisch gemähten Wiese und das Zwitschern der Spatzen stimmte ihn dann doch ein wenig versöhnlicher und als Petunia ihr von der himmelblauen Bank aus zuwinkte, machte Pias Herz einen kleinen Sprung. Ein wenig hatte sie gefürchtet, dass die alte Dame aufs Neue verschwunden sein würde und sie war zutiefst erleichtert, diese wie gewohnt dort sitzen zu sehen. Und auch die Tüte lag an ihrem Platz unter der Bank, wo Pia sie so leichtfertig zurückgelassen hatte.

„Was für ein Tag“, seufzte sie, als sie sich neben Petunia auf die Bank fallen ließ. Die hatte soeben Herkules gebührend begrüßt und aus ihrer großen schwarzen Handtasche einen kleinen rosafarbenen Porzellanteller mit einem winzigen Stück Kuchen geholt, den sie Pia jetzt reichte.

„Key Lime Pie! Mein Lieblingskuchen! Danke Ihnen, Petunia. Das ist genau das, was ich jetzt brauchen kann.“ Im Stillen wunderte sich Pia, dass sie sich nicht mehr über die erstaunlichen Dinge wunderte, die Petunia aus ihrer Tasche holte.

Während diese Pia eine Kuchengabel reichte, die sie ebenfalls aus der Handtasche gezaubert hatte, legte Herkules eine Pfote fordernd auf das Knie des zierlichen Fräuleins.

„Mein lieber Herkules, mir scheint, du bist schon wieder hungrig!“ Petunia streichelte die struppige Schnauze des kleinen Terriers. Dann griff sie noch einmal in die wundersame Handtasche und holte ein gelbes Quietsche-Entchen heraus, das sie Herkules feierlich überreichte. Der fing sofort an, auf dem Entchen herumzukauen, das daraufhin so laut quietschte, dass es Pia in den Ohren schmerzte.

Petunia dagegen blickte gelassen auf den spielenden Hund und strich sich mit bedächtigen Bewegungen das himmelblaue Kleid glatt.

„Eine wunderbare Übung in Gelassenheit, nicht wahr meine Liebe?“

Pia nahm die Finger aus den Ohren und schaute Petunia überrascht an. „Quietschenden Enten zuzuhören?“

„Quietschenden Enten, lärmenden Kindern, schimpfenden Menschen ... je weniger Widerstand wir zulassen, desto leichter fühlen wir uns dabei.“

Pia schluckte das letzte Stückchen Key Lime Pie und dachte nach.

„Sie meinen, ich hatte Widerstand gegen Margot? Ja, hätte ich denn keinen haben sollen? Was wäre denn das Gegenteil von Widerstand, wenn man angebrüllt wird?“

„Bewusstheit. Sie erinnern sich doch, dass wir schon einige Male von Reaktionen gesprochen haben und dass wir eine Wahl diesbezüglich haben? Zuerst kommt eine Emotion - bevor wir reagieren. In Ihrem Fall war das Ärger, der all die Momente in ihrem Leben reaktiviert hat, in denen Sie sich ungerecht behandelt oder angegriffen fühlten. Wenn Sie diese Kettenreaktion bewusst wahrgenommen hätten, hätten Sie eine Wahl gehabt: Ob sie dem Ärger nachgeben und Widerstand gegen die Situation zulassen, oder ob sie ihren Widerstand aufgeben und so reagieren, wie es sich gut anfühlt.“

„Und was hätte sich gut angefühlt?“, fragte Pia verwirrt. „Sagen Sie es mir! Was hätte sich gut angefühlt?“

„Wenn Margot mich nicht angebrüllt hätte.“ Pia zögerte. „Wenn ich mich nicht geärgert hätte. Wenn ich Verständnis für sie gehabt hätte? Wenn ich sie gefragt hätte, ob sie Sorgen hat? Ich glaube nämlich echt, dass sie sich Sorgen um die Teestube macht. Ich schätze, dass der Umsatz im Augenblick nicht der allerhöchste ist.“

„So hätten Sie reagieren können, wenn sie keinen Widerstand gegen die Vorwürfe ihrer Chefin gehabt hätten. Widerstand ist ein interessantes Thema.“ Petunia zog eine silberne Haarnadel aus ihrem wolkenweichen Dutt und steckte sie säuberlich wieder hinein, ohne dass Pia einen Unterschied im Gesamtbild bemerkt hätte. Das flaumige Nest sah immer gleich aus, kein Windhauch konnte ihm etwas anhaben. Eine beruhigende Vorstellung, fand Pia. Auf manche Dinge musste man sich einfach verlassen können.

„Wie gesagt, Widerstand ist ein Thema, über das wir heute sprechen sollten“, fuhr Petunia fort. „Vor allem über den Unterschied zwischen innerem und äußerem Widerstand. Lassen Sie mich das an einem Beispiel erklären. Stellen Sie sich vor, sie spazieren mit Herkules munter durch den Wald. Da plötzlich liegt ein Stamm auf ihrem Weg und hindert Sie am Weitergehen. Ein mächtiger Stamm, gefällt durch einen gewaltigen Sturm.“ Petunia riss die zarten Arme nach oben, als wollte sie die gewaltige Macht des Sturmes demonstrieren.

Pia, mitgerissen durch die blumige Beschreibung, starrte Petunia mit großen Augen an.

„Ich sehe es direkt vor mir!“

Petunia nickte zufrieden. „Was tun Sie also? Sie versuchen, den Stamm beiseite zu schieben, denn Sie möchten ja weiter munter auf diesem Waldweg spazieren. Sie stemmen sich gegen den Stamm und prusten und schwitzen, aber er bewegt sich keinen Zentimeter. Das einzige Ergebnis, das Sie erzielen, ist körperliche und emotionale Erschöpfung.“

Pia stellte es sich vor. „Und?“

„Dieser Stamm ist der Widerstand. Der äußere Widerstand, der sie daran hindert, auf ihrem Weg weiter zu gehen. Sie sollten sich ein Beispiel an Herkules nehmen, der einfach darum herumläuft.“

„Da hätte ich auch gleich draufkommen können.“ Pia fand die Aufklärung ein wenig banal.

„Lassen Sie uns bei diesem Beispiel bleiben, um den inneren Widerstand zu beschreiben.“ Petunia ließ sich nicht aus dem Konzept bringen. „Wenn Sie sich über den Stamm ärgern – denn das tun sie ganz sicher, wenn er Ihnen den Weg versperrt – dann fühlen Sie sich schlecht. Noch viel schlechter fühlen Sie sich, wenn sie sich körperlich verausgaben in dem Versuch, den Stamm aus dem Weg zu schaffen. Wenn Sie sich schlecht fühlen, dann ist das ein Zeichen, dass Sie im Widerstand gegen sich selbst sind – oder vielmehr im Widerstand gegen die wahre Pia, die mit dem Kranz aus Gänseblümchen. Mit anderen Worten, Sie sind nicht im Einklang mit ihrem inneren Frieden, mit ihrer inneren Freude, mit ihrem inneren Wissen.“

Pia ging ein Licht auf. „Wenn ich mich schlecht fühle, dann bin ich im Widerstand gegen meine Gänseblümchen-Pia und die ist es, die im Einklang mit allem ist, das dafür sorgt, dass Glück in mein Leben gezogen wird und wenn ich mit ihr im Einklang bin, dann ist alles gut und dann ärgere ich mich nicht über den Stamm, sondern gehe einfach um ihn herum und fühle mich gut!“

Petunia gönnte sich ein paar Sekunden, um diese Erklärung zu verdauen und dann nickte sie hoheitsvoll. „Nicht schlecht, meine liebe Pia. Wie gesagt, Sie verfügen über einen raschen Verstand.“

Pia stand auf und ging ein paar Schritte weg von der Bank. Sie konnte besser denken, wenn sie sich bewegte.

„Wenn ich also im Einklang bin mit meinen Gänseblümchen, dann stehe ich vor dem Stamm und achte darauf, was sich gut anfühlt. Mich zu ärgern und an dem Stamm herum zu zerren, fühlt sich nicht gut an. Also lasse ich es. Was sich gut anfühlt ist schlau zu sein und drum herum zu laufen. Also tue ich das." Triumphierend sah Pia Petunia an. „Stimmt doch, oder?"

Petunias Daunenfederdutt neigte sich zustimmend und in den Bäumen begannen die Vögel erneut zu zwitschern, die während Pias Erkenntnis den Atem angehalten hatten.

„Sie haben völlig recht, mein liebes Kind. Wenn Sie im Einklang mit ihrem inneren Kern sind, dann gehen Sie den Weg des geringsten Widerstands. Des geringsten inneren Widerstands wohlgemerkt. Manchmal müssen wir äußere Widerstände in Kauf nehmen und sie überwinden, ohne inneren Widerstand, versteht sich."

Herkules bellte erfreut ob dieser positiven Entwicklung und beschloss, seinen Durst am nahen Bach zu löschen. Vielleicht würde er dort auch ein paar Libellen finden, die er jagen konnte. Die Unterhaltung schien sich noch nicht dem Ende zuzuneigen.

Pia setzte sich wieder zu Petunia auf die Bank. Im Mund hatte sie noch den köstlichen Limettengeschmack des Key Lime Pie und im Kopf schwirrten köstliche Gedanken.

„Wissen Sie Petunia, ich hatte gerade heute darüber nachgedacht, was der Unterschied zwischen Aufgeben und Loslassen ist. Ich kann mich zwar im Augenblick nicht mehr daran erinnern, warum ich darüber nachgedacht habe, aber die Sache ist die: der Unterschied ist, wie es sich anfühlt! Wenn ich aufgebe – also traurig vor dem Stamm kapituliere und den Weg nicht weiter gehe, sondern umdrehen muss – dann fühlt sich das mies an."

Pia war so auf ihren Gedankengang konzentriert, dass sie das erfreute Lächeln auf Petunias zarten Gesichtszügen nicht bemerkte, aber es war ganz eindeutig da. Sie fuhr fort, wobei sie sich mit den Händen an den Kopf fasste, als würde sie ihn vorm Platzen bewahren wollen.

„Wenn ich aber loslasse ... dann ... dann fühlt sich das gut an. Wenn ich loslasse, dann stehe ich vor dem Stamm, ohne mich zu ärgern und dann lasse ich meine Gänseblümchen entscheiden, was ich tun werde. Und die beschließen, um den Stamm herum zu gehen. Und was ich tun soll, merke ich daran, was sich gut anfühlt. Oder so." Pia war ein wenig unsicher geworden und schaute Petunia fragend an.

„Sie sehen das glasklar, meine liebe Pia. Ich bin sicher, wenn Sie heute Abend in Ihr Tagebuch schreiben, wird diese Erkenntnis noch tiefer sinken und Ihnen viel Freude bereiten. Vor allem wird sie Ihnen das Leben auf eine unbeschreibliche Art leichter machen. Sie werden sehen." Liebevoll betrachtete Petunia die dunkelblauen Augen ihrer Schülerin, die eine ungeahnte Tiefe widerspiegelten.

„Sie haben den Unterschied zwischen Aufgeben und Loslassen wunderbar beschrieben. Woran Sie bemerken, worum es sich handelt ist Ihr Gefühl. Ich habe schon mehrfach betont, dass das Gefühl wichtig ist und dass Glücklich sein zu wollen unser aller Leitstern ist. Es geht also darum, darauf zu achten, was sich wirklich gut anfühlt und was nicht. Wobei ich sagen muss, dass die meisten Menschen nicht erkennen, wann sie sich gut fühlen und wann nicht. Denn das Gefühl, das als allererstes auftaucht, wird allzu oft verdrängt von den Gefühlen, von denen wir glauben, wir sollten sie haben. Gefühle können sehr trügerisch sein, wenn sie nicht von den Gänseblümchen kommen." Petunia zwinkerte verschwörerisch. „Darauf kommen wir vielleicht noch einmal zurück, nicht wahr?"

Pia hatte zwar nicht die geringste Ahnung, was Petunia damit meinen könnte, aber sie nickte eifrig.

„Lassen Sie mich noch einmal betonen, dass wir darauf achten sollten, wie wir uns fühlen, wenn wir vor eine Wahl gestellt sind." Petunia deutete auf das Handy in Pias Hosentasche. „Es ist als würden Sie ein – wie nennen Sie das gleich – ein Selfie machen. Sie überprüfen Ihr Gefühl und fragen sich: Fühlt sich das gut oder schlecht an? Mit anderen Worten, sie machen in jedem Moment ein Selfie, um zu bemerken, ob Sie im Einklang mit Ihren Gänseblümchen sind oder nicht."

„Das ist ein toller Vergleich." Pia nickte begeistert. „Ich glaube, ich verstehe wirklich, was Sie meinen."

„Ich bin sicher, dass tun Sie, mein liebes Kind. Ich weiß nicht, ob ich es schon erwähnt habe oder nicht, aber eine Wiederholung kann in keinem Fall schaden: Wenn Sie sogenannte „Probleme" haben, dann ist da etwas nicht im Einklang mit Ihren Gänseblümchen. Sie werden in Ihrem Leben aber immer viele andere Dinge finden, die wunderbar im Einklang sind. Konzentrieren Sie sich auf diese Dinge. Konzentrieren Sie sich auf das, was sich gut anfühlt und über kurz oder lang, werden sich auch all die sogenannten Probleme wie von selbst lösen. Sie können das mit einem Zimmer voller Standuhren vergleichen, die in einem unterschiedlichen Takt schlagen. Wenn man sie sich selbst überlässt, werden sie irgendwann im gleichen Takt schlagen."

Pias Herz schlug mittlerweile vollkommen im Takt mit ihren Gänseblümchen und ihr Blick wanderte verträumt nach oben zum grünen Blätterdach der alten Eiche. Petunia dagegen stand auf und griff nach ihrer großen schwarzen Handtasche, die geduldig gewartet hatte.

„Haben Sie eigentlich darüber nachgedacht, wer Sie sein und wie Sie von anderen Menschen gesehen werden möchten?", fragte Petunia scheinbar beiläufig.

Pia schreckte auf und dachte an den Zettel, den sie in der Teestube vollgeschrieben und dann liegen gelassen hatte.

„Eine Liebende." Die Antwort war ganz eindeutig von den Gänseblümchen gekommen und fühlte sich genau richtig an.

Petunia lächelte fein und sah sich nach Herkules um, der wie gerufen und mit aufgestellten Ohren über die Wiese gerannt kam. Pia nahm ihn an die Leine und lächelte selig.

„Ihre Stiefel, meine Liebe."

Pia blickte verwirrt auf die ausgelatschten Boots an ihren Füßen und Petunia deutete seufzend auf die Tüte unter der Bank.

„Noch eine Nacht sollten sie nicht hier ausharren müssen." Sie hob eine Hand zum Gruß und mit einem nachsichtigen Abschiedslächeln wandte sie sich zum Gehen.

Schuldbewusst griff Pia nach der Tüte und beeilte sich, nach Hause zu ihrem Tagebuch zu kommen.

„Liebes Tagebuch", fühlte sie sich später am Abend versucht zu schreiben, aber dann ließ sie es lieber. Schließlich war sie keine Figur aus einem Roman. Sie überlegte angestrengt, denn es war gar nicht so einfach, all ihre Erkenntnisse zusammenzufassen. Dann schrieb sie.

Mit dem Widerstand ist es eine komische Sache. Es gibt einen äußeren und einen inneren. Der äußere ist eigentlich ein Stolperstein. Also etwas, das uns stört, weil wir einen inneren Widerstand dagegen spüren. Der innere Widerstand ist ein Zeichen dafür, dass wir nicht im Einklang mit unseren Gänseblümchen sind. (Obwohl ich nicht weiß, ob andere Leute auch ein wahres Selbst mit Gänseblümchenkranz haben oder nur ich). Wenn wir den Weg des geringsten inneren Widerstands gehen, dann sind wir im Einklang, dann fühlen wir uns gut. Im Außen müssen wir uns davor hüten, den Weg des geringsten Widerstands zu gehen, weil, das könnte bedeuten, dass wir aufgeben, statt mit unserem inneren Kompass alles zu verändern, was uns im Weg steht. Ob wir aufgeben oder loslassen merken wir daran, ob es sich gut oder schlecht anfühlt. Aufgeben fühlt sich mies an, Loslassen fühlt sich richtig gut an. Am besten ist es, ständig ein Selfie zu machen, damit wir bemerken, wie wir uns fühlen. Wenn ich ein Problem habe, dann bin ich nicht im Einklang mit meiner inneren Pia. Das ist aber egal, solange ich mich nicht darauf konzentriere, sondern auf das, was gut läuft. Irgendwann ist das Problem dann wie von selbst verschwunden. Und nochmal – ich bin eine Liebende! Jetzt wo ich das schreibe … ich glaube, ich muss nochmal darüber nachdenken, was das bedeutet.

Pia war sehr müde. Das war wirklich mal ein Tag gewesen! Müde fühlte sich ganz wunderbar an und deswegen ging sie ins Bett.

Vom Einschlafen und Aufwachen

Gute und schlechte Einflüsse, wichtige Fragen und die wunderbare Erfindung der Stille.

Pias letzte Gedanken vor dem Einschlafen hatten sich um ihre Auseinandersetzung mit Margot gedreht und prompt war der Streit das erste, woran sie dachte, als sie aufwachte. Sie nahm sich vor, sich gleich heute Morgen – ohne das kleinste Fitzelchen inneren Widerstand - bei Margot zu entschuldigen. Sie machte ein Selfie und tatsächlich, der Gedanke an eine Entschuldigung fühlte sich gut an.

Erleichtert stieg Pia aus dem Bett. Der Tag konnte kommen! Herkules war natürlich auch schon wach und wartete ungeduldig an der Terrassentür. Sie folgte ihm in den Garten und blieb ein paar Sekunden mit geschlossenen Augen in der Morgensonne stehen, bevor sie sich an ihre morgendlichen Rituale in Bad und Küche machte. Dabei dachte sie noch ein wenig nach.

Wenn zwei sich streiten, dann sind beide nicht im Einklang mit ihren inneren Gänseblümchen, grübelte sie. Denn wären sie das, würde es gar nicht zu solchen Emotionen wie Ärger und Gekränktheit kommen und dann gäbe es erst gar keinen Streit. Was würde wohl passieren, wenn nur eine Person im Einklang wäre und die andere nicht? Dann gäbe es auch keinen Streit, beschloss Pia, denn zum Streiten gehören zwei und alleine macht Streiten keinen Spaß. Sie überlegte. So ein ordentlicher Streit reinigt die Luft, hatte ihre Mutter immer gesagt und das stimmte wohl irgendwie. Es tat gut, seinen Ärger rauszulassen anstatt ihn grummelnd im Bauch mit sich herumzutragen, oder etwa nicht?

Pia griff zur Leine und rief nach Herkules. Während sie die Leine an seinem Halsband befestigte, stellte sie sich vor, was die Gänseblümchen Pia dazu sagen würde und sie hörte sie in ihrem Inneren fröhlich lachen. Klar, im Gänseblümchen-Zustand ärgerte man sich gar nicht erst, musste also auch keinen Ärger rauslassen.

Zufrieden mit ihren Schlussfolgerungen machte sie sich mit einem wie immer gut gelaunten Herkules auf den Weg zur Arbeit.

Es war schon fast Mittag, als Pia die frischen Muffins aus dem Ofen holte. Sie hatte ein richtig gutes Gespräch mit Margot gehabt, in dem ihre Chefin ihr von den Sorgen erzählt hatte, die sie sich um die Teestube machte. Gemeinsam hatten sie überlegt, was sie verändern könnten, um mehr Gäste anzulocken und Pia waren ein paar wirklich gute Ideen gekommen, die sie morgen weiter besprechen wollten. Sie setzte die Muffins gerade auf das pinkfarbene Tablett für die Theke, als sie Herkules bellen hörte, der anscheinend plötzlich ein Echo bekommen hatte. Pia drehte sich um und dann starrte sie überrascht dem ebenso überraschten Turnschuh-Typen ins Gesicht, den sie von der großen Wiese kannte. In diesem Augenblick war sie sehr froh darüber, dass sie heute ihre neuen schicken Stiefel angezogen hatte.

„So sieht man sich wieder“, meinte der Turnschuh-Typ wenig originell, während er seinen eigenen Terrier einsammelte und sich an einen Tisch am Fenster setzte. Herkules legte sich zu seinem neuen Freund und sah Pia erwartungsvoll an.

Die griff sich eine Karte und brachte sie an den Tisch. Möglichst unauffällig betrachtete sie den schlanken, dunkelhaarigen Mann, der eben die Brille abnahm und sich die Augen rieb. Pia erinnerte sich an ihre Pflichten und ratterte herunter: „Aprikosentörtchen, Erdnussbutter-

Cookies und Muffins ganz frisch aus dem Ofen gibt's auch noch."

Dann beugte sie sich zu dem zweiten kleinen Terrier hinunter und kraulte ihn unter dem Kinn. „Und Ihnen darf ich eine Schüssel Wasser bringen, mein Herr?"

„Siegfried würde das zu schätzen wissen", sagte dessen Besitzer würdig.

„Wir scheinen beide eine Vorliebe für Helden zu haben", lachte Pia und freute sich mal wieder über ihren raschen Verstand. „Darf ich vorstellen?" Sie deutete auf Herkules, der hechelnd neben seinem Zwilling lag. „Das ist Herkules."

„Sehr angenehm."

Der Turnschuh-Typ verbeugte sich leicht im Sitzen und deutete dann auf sich selbst. „Und ich bin Patrick, falls das auch von Interesse sein sollte."

„Da haben wir zumindest den Anfangsbuchstaben gemeinsam. Ich bin Pia. Weißt du schon, was du willst?"

„Viel Geld, ein Haus auf dem Land und damit glücklich sein. Dazu ein Schoko-Croissant und einen Espresso, bitte."

Der hat wirklich Humor und ein schönes Lächeln auch noch, dachte Pia. „Kommt sofort", antwortete sie lachend. „Also zumindest das Schoko-Croissant und der Espresso."

Als sie ihm das Gewünschte brachte, hatte er Kopfhörer auf, starrte in sein Handy und lächelte nur kurz, als Pia ihm den Espresso und das Croissant servierte.

Trottel, dachte Pia beleidigt und dann musste sie zum Hinterausgang, um mit einem ihrer Lieferanten die nächsten Bestellungen zu besprechen. Als sie zurückkam, war der Turnschuh-Typ gegangen. Margot hatte offenbar kassiert.

Und so endet eine vielversprechende Begegnung im Nirwana, dachte Pia seufzend. Dann erinnerte sie sich daran, ein Selfie zu machen und stellte fest, dass sie sich enttäuscht und zurückgewiesen fühlte, also nicht so reagierte, wie die Gänseblümchen Pia das getan hätte. Also richtete sie ihre

Antennen auf ihre neuen Stiefel und freute sich an den reißverschlusslosen, weichen Wildleder Boots, die immer noch richtig schick aussahen. Dann tätschelte sie Herkules, der hinter der Theke auf seiner Decke lag, überzeugte sich, dass der Typ seinen eigenen Hund mitgenommen hatte und gab dem kleinen Terrier eine von den Erdbeeren, mit denen sie die Muffins dekorieren wollte. Sie dachte an Patrick und sein nettes Lächeln und dann verbot sie sich, weiter an ihn zu denken.

Pia fühlte in ihrer Manteltasche nach dem Zettel, auf dem sie notiert hatte, welche Art von Mensch sie sein wollte. Sie war gespannt, was Petunia dazu sagen würde, die bereits auf der himmelblauen Bank saß und in einem riesigen Buch las, das nie und nimmer in ihre große schwarze Handtasche passen würde. Es passte aber doch, wie Pia seufzend feststellte, als die alte Dame es energisch zuklappte und in der Tasche verstaute.

„Was haben Sie denn da gelesen?“, fragte Pia neugierig.

„Ich habe nicht gelesen“, erklärte Petunia freundlich. „Ich habe mich inspirieren lassen. Hatten Sie einen ereignisreichen Vormittag, mein liebes Kind? Sie sehen aus, als wären Sie ein wenig aufgewühlt“.

Pia fühlte sich ertappt und berichtete kurz von dem Turnschuh-Typen, der sie ignoriert hatte.

Petunia zog die Augenbrauen hoch. „Das also sind Ihre Schlussfolgerungen, nicht wahr?“ Sie sagte das in einem mahnenden Ton, der Pia aufhorchen ließ.

„Na ja, das ist doch offensichtlich, dass er mich ignoriert hat! Da brauche ich keine großartigen Schlussfolgerungen zu ziehen. So wichtig ist das nun auch wieder nicht“, schloss sie mit einer wegwerfenden Handbewegung und hoffte, dass Petunia das leidige Thema fallen lassen würde. Was die natürlich nicht tat.

„Es hätte doch auch sein können, dass er schüchtern ist. Oder dass er etwas Wichtiges zu tun hatte. Oder dass er sich davor fürchtet, eine neue Bekanntschaft zu machen, weil er zuvor von einer Frau enttäuscht wurde." Petunia lächelte leise. „Ich denke, letzteren Grund können Sie gut nachvollziehen, nicht wahr?"

Pia wurde rot und antwortete patzig: „Der war sicher nicht schüchtern und so selbstsicher wie der war, hat er sicher keine Angst vor Kellnerinnen mit Terriern."

Petunia seufzte zart. „Mein Motto war von jeher: In dubio pro reo."

Pia übersetzte schnell: „Im Zweifel für den Angeklagten!"

„Der Angeklagte ist in diesem Fall ganz offensichtlich dieser junge Mann und wäre es nicht angemessen, ihm einen gewissen Zweifel zuzugestehen, statt ihn sofort zu verurteilen? Zumindest damit Sie, mein liebes Kind, heute Nacht besser schlafen können."

„Was hat denn jetzt mein Schlaf mit dem Angeklagten zu tun?" fragte Pia mürrisch. „Ich lass mir doch von diesem Turnschuh-Patrick nicht den Schlaf rauben!"

„Ich bin mir da nicht so sicher, liebe Pia." Petunia wandte sich an Herkules, der auf die Bank gesprungen war und ihr eine Pfote auf den Schoß gelegt hatte, ganz offensichtlich empört darüber, dass die alte Dame ihn noch immer nicht beachtete.

„Du hast ganz recht, mein lieber Herkules. Man sollte immer das Beste erwarten, damit das Beste geschieht." Mit diesen Worten holte sie einen gewaltigen Hundekeks in Knochenform aus ihrer großen schwarzen Handtasche, den der kleine Terrier begeistert schnappte und damit selig unter der Bank verschwand.

„Ihre Schlussfolgerungen über den jungen Mann mögen stimmen oder auch nicht", fuhr Petunia gelassen fort. „Wir wissen nicht, was ihn dazu bewogen hat, sich nicht von Ihnen zu verabschieden und vielleicht werden wir es nie erfahren. Das ist in diesem Moment auch vollkommen bedeutungslos. Hier geht es nur um Sie! Um Sie und wie Sie sich fühlen. Ohnehin hatten Sie ja bereits festgestellt, dass Ihre emotionale Reaktion auf die vermeintliche Zurückweisung ein ungutes Gefühl in Ihnen hinterlassen hat. Ich möchte Sie noch einmal daran erinnern, dass es nur darum geht, dass Sie sich gut fühlen. Wenn Sie nun eine Schlussfolgerung treffen, die dafür sorgt, dass Sie sich schlecht fühlen ... möchten Sie dann diese Schlussfolgerung nicht noch einmal überdenken? Und dann vielleicht einer anderen Schlussfolgerung den Vorzug geben?“

Pia stutze. „Ich soll einfach ... einer anderen Schlussfolgerung den Vorzug geben? Also mir einfach irgendetwas anderes einreden? Irgendeinen anderen Grund für sein Verhalten finden?“

„Wenn Sie doch ohnehin nicht wissen, aus welchem Grund er gehandelt hat, wie er eben gehandelt hat, dann könnten Sie doch einen Grund wählen, der Ihnen ein gutes Gefühl verschafft, nicht wahr?“ Petunia lächelte strahlend und legte Pia eine zarte Hand aufs Knie.

„Das ist ... also ... das ist irgendwie ...“, stammelte Pia, „also sehr ... pragmatisch!“

Petunia nickte bestätigend. „Ich war schon immer sehr dafür, den Weg des geringsten inneren Widerstands zu gehen.“ Sie zwinkerte Pia zu und strich ihr himmelblaues Kleid glatt. „Manchmal stehen die Menschen unter einem wenig zuträglichen Einfluss, der sie zu unvorteilhaften Reaktionen verleitet. So, wie es Ihnen heute geschehen ist.“

„Einfluss? Welcher Einfluss? Ich kann mich nicht erinnern, dass ich unter irgendeinem Einfluss stand, als der Typ mich ignoriert hat.“

„Alle Menschen stehen immer unter irgendeinem Einfluss. Schließlich haben sie Antennen, die ununterbrochen am Werk sind und Signale von innen und außen empfangen, die einen Einfluss auf sie ausüben. Sie zum

Beispiel, standen heute Morgen unter dem Einfluss der Pia, die eine Enttäuschung in der Liebe hinter sich hat und glaubt, dass sie wenig begehrenswert ist."

„Und deswegen hab ich so beleidigt reagiert!" Pia schlug sich gegen die Stirn. „Das war gar nicht ich, das war die alte Pia! Die, die die alte Geschichte noch nicht losgelassen hat! Ich wusste gar nicht, dass die noch da ist." Pia war ein wenig enttäuscht. „Ich dachte doch, ich hätte das alles losgelassen." Sie ließ den Kopf hängen.

„Natürlich haben Sie losgelassen", antwortete Petunia beschwichtigend. „Das bedeutet aber nicht, dass diese alte Pia nicht ab und zu aufwachen und sich zu Wort melden kann. Vor allen Dingen dann, wenn sie durch Situationen geweckt wird, die ihr sehr vertraut sind. Wie eben eine vermeintliche Zurückweisung in Ihrem Fall. Sie dürfen der alten Pia nicht böse sein. Sich über sie zu ärgern, ist ebenfalls kontraproduktiv. Erinnern Sie sich an die Vorteile einer widerstandslosen Herangehensweise?"

Pia nickte. „Kein innerer Widerstand und so weiter."

„Sehr richtig. Und ohnehin wird diese alte Pia immer seltener auftauchen und schließlich ganz verschwinden, wenn die neue Pia erst einmal etabliert ist. Sie sehen jetzt wohl ein, dass es von Bedeutung ist, sich bewusst zu sein, unter wessen Einfluss man handelt. Ich meine mich zu erinnern, dass wir darüber schon gesprochen haben, aber wie ich immer sage: Wiederholung ist die Mutter der Erkenntnis.

Pia nickte und überlegte. „Ich könnte mich also immer fragen, „unter welchem Einfluss stehe ich gerade", wenn ich mich komisch fühle und komisch reagiere?"

„Sie haben es erfasst. Das ist eine sehr gute Frage."

„Das wird ja langsam anstrengend." Pia kicherte. „Selfies machen, Fragen stellen, Antennen, Magnete und Kompasse ausrichten ... da bleibt ja kaum noch Zeit für was anderes!"

Petunia lächelte nachsichtig. „Sie haben wirklich einen erfrischenden Humor. Tatsächlich möchte ich Sie mit einer weiteren Aufgabe vertraut machen, die zu ihrem bereits so ausgefüllten Alltag hinzukommen sollte und die von großem Vorteil für Sie sein wird.“

„Ich bin gespannt!“ Pia richtete sich neugierig auf. „Was ist das für eine Aufgabe?“

„Ich möchte Sie mit den Segnungen der inneren Versenkung bekannt machen. Sie haben bestimmt schon davon gehört. Ich spreche von Meditation.“

Pia sackte in sich zusammen. Das klang wenig aufregend. Meditation hatte sie schon ein paar Mal versucht, aber sie hatte es nicht gemocht. Entweder war sie so unruhig geworden, dass sie gleich wieder aufhören musste oder sie war eingeschlafen.

Als hätte Petunia ihre Gedanken gelesen – was sie wahrscheinlich getan hatte – wedelte sie abwehrend mit einer rosigen Hand. „Meditation bedeutet nichts anderes, als die Gedanken zu stoppen, damit Sie ihrer inneren Stimme zuhören können.“

„Meiner Gänseblümchen-Stimme?“, lächelte Pia.

„So ist es.“ Petunia lächelte ebenfalls. „Einmal am Tag sollte genügen. Vorzugsweise am Abend vor dem Einschlafen oder am Morgen nach dem Aufwachen. Oder auch zwischendurch, wenn Sie zu viel denken. 10 - 15 Minuten sind ausreichend.“

„Und muss ich mich da irgendwo im Lotussitz auf eine Kerze konzentrieren, oder so?“

„Das ist eine Möglichkeit. Sie können aber ebenso gut auf dem Sofa sitzen und dem Gluckern der Heizung lauschen. Oder dem tropfenden Wasserhahn. Oder dem Schnarchen des schlafenden Herkules.“

„Und das soll mich vom Denken abhalten?“

„Das wird es tatsächlich, wenn Sie sich konsequent und ohne inneren Widerstand auf das Gluckern, das Tropfen oder das Schnarchen fokussieren. Ich schlage vor, Sie beginnen bereits heute Abend damit und gehen gleich danach ins Bett. Dort werden Sie vor Ihrem inneren Auge das Bild einer glücklichen Gänseblümchen Pia herbeirufen und mit diesem Bild einschlafen."

„Das klingt ja wirklich nicht besonders herausfordernd", nickte Pia zustimmend. „Und warum soll ich mit einem Bild der Gänseblümchen Pia einschlafen?"

„Ganz einfach. Weil Sie dann mit einem Bild der Gänseblümchen Pia aufwachen werden - oder zumindest mit der Erinnerung an ihre Gelassenheit und Freude - und unter ihrem Einfluss den Tag beginnen und – hoffentlich – fortführen und beenden. Können Sie sich erinnern, mit welchen Gedanken Sie gestern eingeschlafen sind?"

Pia überlegte. „Ich habe an den Streit mit Margot gedacht."

Petunia nickte wissend. „Und mit welchen Gedanken sind Sie heute Morgen aufgewacht?"

„Ich habe gleich wieder an den Streit mit Margot gedacht!"

„Quod erat demonstrandum."

„Was zu beweisen war." Pia übersetzte schnell und grinste. „Bisschen viel Latein heute, oder?"

„Es hat sich eben so ergeben", antwortete Pia würdevoll. „Obwohl...", sie überlegte. „Das Buch, das mich inspiriert hatte, kurz bevor Sie hier waren ... das war ein lateinisches Buch. Da sehen Sie, unter wessen Einfluss ich gerade stehe." Petunia gab einen Laut von sich, der mit ein wenig gutem Willen als fröhliches Glucksen durchgehen konnte und stand auf.

Pia tat es ihr gleich und dann erinnerte sie sich. „Wir haben noch gar nicht darüber gesprochen, wer ich sein will! Ich habe alles hier aufgeschrieben." Sie holte den Zettel aus der Tasche und hielt ihn der alten Dame vor die Nase.

Petunias federweicher Wolkendutt leuchtete in der Sonne. „Vielleicht kommen wir ja noch dazu“, sagte sie. „Ohnehin ist diese Liste sozusagen ein »work in progress«.

„Etwas, das noch am Laufen ist“, übersetzte Pia automatisch. „Oh ... Sie sind nicht mehr unter einem lateinischen Einfluss, oder?“

Petunia lächelte hoheitsvoll. „Ich entscheide, unter wessen Einfluss ich bin, nicht wahr?“ Dann nahm sie ihre große schwarze Handtasche und eilte mit kleinen, beschwingten Schritten den Waldweg entlang. Pia schaute ihr nach, bis sie sie nicht mehr sehen konnte.

Zuhause schnappte sie sich ihr Tagebuch, fragte sich kurz, unter wessen Einfluss sie stand – und stellte fest, dass es die hungrige Pia war, die sich aufs Abendessen freute.

Heute war ich erst die neue Pia, die sich bei Margot entschuldigt hat und die dann ein tolles Gespräch mit ihr über fantastische Ideen für die Zukunft der Teestube hatte. Dann war ich die beleidigte, verlassene alte Pia, die total ungeeignete Schlussfolgerungen gezogen hat, die mir nicht gut getan haben. (Es ging um den Turnschuh-Typen.) Ab jetzt werde ich nicht nur ständig Selfies machen, sondern mich immer fragen: unter welchem Einfluss stehe ich gerade? Und wenn es nicht der Einfluss der neuen Pia ist oder noch besser – der Gänseblümchen Pia – dann werde ich nicht auf diesen Einfluss hören. Was ich sein möchte ist ein »work in progress« und ich bin gespannt, was ich noch alles dabei entdecke! Meditation ist dafür da, blöde Gedanken zu stoppen und eine gute Sache, die ich ausprobieren werde. Die Gedanken, mit denen ich ins Bett gehe, mit denen wache ich auf. Deswegen werde ich ab jetzt immer mit schönen Gedanken einschlafen.
PS: wie gut, dass ich so viel Latein verstehe!

PPS: hat Petunia heute so geklungen, als würde sie nicht mehr oft zur himmelblauen Bank kommen? Das ist eine Schlussfolgerung, die von der alten Pia kommt, die nicht verlassen werden möchte. Hoffe ich...

Pia klappte das rotsamtene Tagebuch zusammen und fühlte sich plötzlich ein wenig allein und traurig. Zeit für die Meditation, dachte sie. Mal sehen. Gluckern, Tropfen oder Schnarchen?

Glückskekse zum Frühstück

Nur wer still ist, kann leise Stimmen flüstern hören und die wunderbare Erkenntnis, dass alles eigentlich ganz einfach ist.

Nachdem es zu warm für die Heizung war und der Wasserhahn sich weigerte zu tropfen, war es schließlich das leise Schnarchen des selig träumenden Herkules geworden, zu dem Pia meditiert hatte. Sie musste zugeben, dass es gar nicht schlecht gelaufen war. Sie hatte sich im Schneidersitz auf ihr Bett gesetzt und sich ein Kissen in den Rücken gestopft, damit sie es bequemer hatte. Dann hatte sie sich mit geschlossenen Augen auf das Schnarchen konzentriert.

Erst waren ihre Gedanken gewandert. Von der Teestube zur himmelblauen Bank und wieder zurück. Von Antennen, Kompassen und Magneten zu Wildlederstiefeln und wieder zurück. Von diesem Patrick zu Zukunftsvisionen vom Landleben mit zwei Terriern und wieder zurück. Nach einer Weile jedoch füllte das sanfte „Chr, chr, chr“ ihren Kopf und sie fühlte ihren Körper gleichsam schwerelos werden. Ein ganz neues und sehr angenehmes Gefühl, das genau so lange anhielt, bis sie darüber nachdachte. Für den Anfang wirklich gar nicht so übel, hatte Pia gedacht und sich aus ihrer sitzenden Position in eine liegende gebracht. Sie holte das Bild der Gänseblümchen Pia vor ihr inneres Auge, die ihr freundlich zulächelte und dann war sie eingeschlafen.

Am nächsten Morgen war Pia glücklich aufgewacht. Sie freute sich auf die Teestube und beim Zähneputzen überlegte sie, was sie dort gerne frühstücken würde. Glückskekse! Der Gedanke war ganz plötzlich aufgetaucht. Glückskekse für die Teestube – hausgemacht versteht sich. Die würden der Renner werden. Pia wurde ganz aufgeregt. Sie beeilte sich, aus dem Haus zu kommen, denn sie wollte ihre Idee unbedingt mit Margot besprechen. Glückskekse in allen möglichen Farben und Geschmacksrichtungen würde es geben und innen würden auf kleinen, zusammen gerollten Zettelchen kluge Sprüche stehen. Margot ist zuständig fürs Kekse backen und ich bin zuständig für die Sprüche, beschloss Pia. Sie war so aufgeregt, dass sie beinahe Herkules vergessen hätte, der empört bellte, als sie die Haustür aufmachte, ohne ihm die Leine angelegt zu haben.

Margot war ein wenig skeptisch gewesen, was die Glückskekse betraf, ließ sich aber von Pia überzeugen, sich auf die Suche nach dem passenden Teigrezept zu machen. Während Pia Tee, Kaffee und Kuchen servierte, schwirrten ihr mögliche Glückskeks-Sprüche im Kopf herum. Originell sollten sie natürlich sein, gleichzeitig aber hilfreich. Sie stellte sich bereits vor, wie ein großer Korb voller bunter Glückskekse auf der Theke stand und sich eine lange Schlange davor gebildet hatte. Lauter Leute, die ihre einzigartigen Glückskekse haben und sich von den Sprüchen inspirieren lassen wollten.

Sprüche wie: „Deine Gefühle sind wichtig, nimm sie wichtig und folge ihnen“ oder „Du bist der Mittelpunkt deiner Welt, von dir geht alles aus, was dir geschieht“ oder „Achte auf deine Gedanken und Gefühle. Sie erschaffen deine Wirklichkeit“.

Am liebsten hätte sie all ihre Ideen sofort aufgeschrieben, aber die Erinnerung an den letzten Streit mit Margot hielt sie davon ab.

Sie ertappte sich dabei, dass sie immer wieder zur Tür schielte. Könnte ja sein, dass dieser Patrick wieder Lust auf Schoko-Croissants hatte. Sie gestand sich ein, dass sie ihn sehr gern wieder gesehen hätte. Herkules kläffte zustimmend. Er hätte auch nichts dagegen gehabt, seinen neuen Kumpel wiederzusehen. Pia riss sich am Riemen. Mach dir keine Hoffnung, dann bist du auch nicht traurig, wenn er nicht auftaucht, befahl sie sich. Andererseits ... hatte Petunia gestern nicht so was gesagt wie, man sollte das Beste erwarten, damit das Beste geschehen konnte? Pia fiel ihre Mutter ein, die eher zu folgender Aussage neigte: Freu dich nicht zu früh, dann wirst du auch nicht enttäuscht.

„Unter welchem Einfluss stehe ich also gerade?“, fragte sich Pia und die Antwort lag auf der Hand. Ganz eindeutig unter dem Einfluss ihrer Mutter! Sie schüttelte sich. Herkules betrachtete sie interessiert und schüttelte sich ebenfalls. Was würde die neue Pia denken oder die Gänseblümchenkranz Pia? Auch hier war die Antwort eindeutig. Beide hätten nur ein einziges Interesse: sich gut zu fühlen! Pia überlegte, was sich gut anfühlte. Die Hoffnung auf ein weiteres Treffen? Eher nicht, da kam sofort die Angst hoch, dass Patrick nicht wieder auftauchen oder sich einfach nicht für sie interessieren würde. Die zwei Seiten der Münze, dachte Pia erstaunt. Ich mache Fortschritte. Sie probierte noch ein wenig herum und schließlich beschloss sie, sich auf die Glückskeks Idee zu konzentrieren, denn das fühlte sich richtig gut an und machte sie sofort glücklich.

Der Vormittag war vergangen wie im Flug und Pia fühlte sich inspiriert und voller Tatendrang. Am liebsten hätte sie sich sofort nach Hause verzogen, um an ihren Glückskeks-Sprüchen zu basteln, aber das musste bis nach ihrem Treffen mit Petunia warten. Die saß auch schon auf der himmelblauen Bank und von weitem sah es aus, als hätte sich ein weißes Wölkchen auf ihrem Schoß niedergelassen. Das Wölkchen entpuppte sich als etwas Flauschiges aus schneeweißer Angorawolle, an dem Petunia gelassen herumhäkelte. Oder strickte. Pia war sich da nie sicher.

„Ich wusste gar nicht, dass Sie Handarbeiten machen", sagte sie neugierig, während sie sich auf die Bank fallen ließ und Herkules interessiert an dem Wölkchen schnupperte.

Petunia lächelte fein. „Manchmal fühle ich mich dazu inspiriert, etwas Neues zu erschaffen und sei es auch nur ein Schal für den Winter."

Pia blickte auf die blühende Wiese, über der Schmetterlinge flatterten und Hummeln brummten.

„Ich mag noch gar nicht an den Winter denken. Ist das nicht ein herrlicher Frühling? Ich kann mich gar nicht erinnern, dass es jemals so lange warm und sonnig war um diese Jahreszeit."

Petunia raffte den unvollendeten Schal zusammen und stopfte ihn in ihre unergründliche Handtasche. „Sie dürfen wundersame Dinge erwarten, mein liebes Kind, wenn Sie glücklich sind. Dazu gehört auch ein unerwartet schöner Frühling. Wie erging es Ihnen denn gestern mit der Meditation? Konnten Sie sie genießen?"

„Das konnte ich wirklich", antwortete Pia und sah Herkules hinterher, der sich auf Schmetterlingsjagd begeben hatte. „Am Anfang hab ich noch an alles Mögliche gedacht, aber ich hab mich nicht darüber geärgert. Dann, gegen Ende war da so ein ganz komisches Gefühl, als würde ich abheben."

„Wie schön!", rief Petunia aus. „Sie haben sich von ihrem Verstand gelöst. Ich gratuliere Ihnen. Nicht jedem Anfänger gelingt dieser Bewusstseinszustand gleich zu Beginn. Sie scheinen ein natürliches Talent für Gedankenlosigkeit zu haben."

Pia war sich nicht sicher, ob das wirklich ein Kompliment war, aber – im Zweifel für den Angeklagten – sie bedankte sich artig für das Lob. „Und am Abend bin ich mit dem Bild der Gänseblümchen Pia eingeschlafen und am Morgen bin ich total gut gelaunt aufgewacht. Das werde ich jetzt immer so machen. Ein toller Tipp war das."

Petunias Wölkchendutt schien heute ein Eigenleben zu führen, denn Pia war es, als würden sich Lichtwellen über ihn hinwegbewegen. Im nächsten Moment sah er beinahe durchsichtig aus. Doch bevor sie Petunia nach dem seltsamen Phänomen fragen konnte, stellte diese ihr schon wieder eine Frage.

„Sie sehen heute besonders beschwingt aus. Darf ich fragen, ob es irgendwelche neuen Entwicklungen in Sachen“ – sie hüstelte zart – „ihrer neuen Bekanntschaft gegeben hat?“

Pia schüttelte den Kopf. „Das nicht, aber ich habe heute die dunkle Seite meiner Hoffnungsmünze entdeckt und ich bin ganz zufrieden damit, wie schnell ich das wahrgenommen habe. Außerdem habe ich bemerkt, dass ich unter dem Einfluss meiner Mutter stand, als die dunkle Münzenseite aufgetaucht ist.“

„Und was haben Sie dann getan, um wieder unter ihren eigenen Einfluss zu kommen, mein liebes Kind?“

„Ich hab an meine Glückskekse gedacht, und das hat mich sofort happy gemacht!“ Und dann erzählte sie Petunia ausführlich von ihrer Geschäftsidee.

Petunia nickte wissend. „Die Auswirkungen der Meditation. Wenn unsere Gedanken still werden, sind wir in der Lage, Inspirationen zu empfangen, die wir sonst nicht wahrgenommen hätten.“

Neugierig fragte Pia: „Inspirationen empfangen? Soll das heißen, dass die Idee mit den Glückskeksen gar nicht auf meinem Mist gewachsen ist?“

„Ihre Ausdrucksweise ist manchmal wirklich sehr erfrischend.“ Petunia blickte in die Ferne und auf dieses unhörbare Kommando hin kam Herkules angetrabt und nahm den saftigen Apfel in Empfang, den die alte Dame ihm reichte. Kurz darauf schleckte er eifrig daran herum.

„Komisch, sonst mag er Äpfel nicht so besonders“, wunderte sich Pia.

„Im Inneren des Apfels befindet sich Leberwurst“, antwortete Petunia lapidar.

„Ach so“, kicherte Pia. „Und wie ist das nun mit den Inspirationen? Von wem hab ich die Glückskekse denn empfangen?“

„Wenn unsere Gedanken still werden, dann können wir unsere innere Stimme viel besser hören.“ Petunia blickte liebevoll auf Herkules, der dem Apfel jetzt mit lautem Schmatzen den Garaus machte. „Wenn sich die täglichen Gedanken in Ihrem Kopf gegenseitig zu übertönen versuchen, erzeugt das ein endloses Geschnatter, das die leise Stimme ihrer Gänseblümchen Pia überdeckt.“

„Und die hat die guten Ideen?“, fragte Pia zweifelnd.

„Natürlich! SIE haben die guten Ideen, wenn Sie im Einklang mit sich sind, also im Einklang mit der Gänseblümchen Pia, die ja Sie selbst - Ihr wahres Ich – sind.“

„Stimmt ja!“ rief Pia. „Das hatte ich ganz vergessen.“ Nachdenklich fuhr sie fort. „Irgendwie habe ich mich von der Gänseblümchen Pia getrennt gesehen und sie als Guru oder so betrachtet. Aber das bin ICH!“

„Ich halte nichts von Gurus“, sagte Petunia beiläufig und richtete ihren flaumenweichen Wolkendutt. „Das sind nur weitere Stimmen, unter deren Einfluss die Menschen stehen könnten, wenn sie sich nicht bewusst sind, dass sie alles Wissen bereits in sich tragen. Besagte Gänseblümchen.“

Pia musste an ihre Freundin Helene denken, die ständig irgendeinem neuen Guru hinterherrannte und dessen Weisheiten verbreitete. „Aber man kann doch sicher was von anderen Menschen lernen, oder nicht?“, fragte sie vorsichtig. „So wie ich von Ihnen?“

„Natürlich mein liebes Kind. Aber sie können nur lernen, wenn Sie überprüfen, was für Sie wahr ist und vor allem, was für Sie funktioniert. Und dazu müssen Sie Ihre eigenen Erfahrungen machen.“ Petunia beschirmte die Augen mit einer zarten Hand und blickte auf eine kleine, weiße Wolke, die allein am blauen Himmel dahinzog. Diesmal kam es Pia vor, als würde, so wie vorher nur der Dutt, die ganze Petunia durchscheinender werden. Sie kniff die Augen zu und als sie sie wieder öffnete, sah die alte Dame aus wie immer.

„Worte allein lehren nicht“, fuhr Petunia fort. „Die Menschen müssen die Dinge erleben, damit sie sie wirklich begreifen. Und Sie sind das beste Beispiel dafür, mein liebes Kind. Sie haben angewandt, worüber wir gesprochen haben und damit offenbar ganz ausgezeichnete Erfolge erzielt.“

Pia war überrascht. Doch dann nickte sie zustimmend. „Das habe ich wirklich. Ich bin so glücklich wie schon lange nicht mehr.“

„Und das werden Sie auch bleiben, weil Sie jetzt wissen, worauf es ankommt.“

„Genau!“ Dann fragte sie doch noch einmal nach. „Worauf genau kommt es an?“

Petunia erwiderte: „Darauf, dass Sie im Einklang mit Ihren Gänseblümchen sind, denn damit folgen Sie Ihrem Glück.“

„Genau.“ Pia nickte. „Darauf kommt es an.“

„Lassen Sie mich noch einmal auf die Inspiration zurückkommen“, wechselte Petunia das Thema. „Die meisten Menschen strengen ihren Verstand an, um ihre Probleme zu lösen oder um eine neue Idee zu entwickeln. Das ist natürlich eine Möglichkeit. Für mehr Leichtigkeit allerdings sorgt, wenn wir uns auf unsere innere Stimme verlassen. Wenn wir glücklich und zufrieden sind und uns auf die Dinge fokussieren, mit denen wir im Einklang sind. Es ist von großer Bedeutung, unsere Gedanken still werden zu lassen, um nach innen zu lauschen. Dann kommen die Inspirationen von alleine. So wie die Glückskekse. Wenn Sie etwas Neues in Ihre Welt bringen wollen – die Verwirklichung eines Wunsches etwa – dann tun Sie gut daran,

Ihren inneren Gänseblümchen zuzuhören und sich von ihnen leiten zu lassen."

„Das heißt, ich kann mir was wünschen und dann sorgen meine Gänseblümchen dafür, dass es geschieht?"

Petunia nickte lächelnd. „Ich möchte Sie allerdings bitten, Ihre Wünsche nur zu äußern, wenn Sie im Einklang sind. Wenn Sie sich etwas wünschen, ohne dass Sie mit sich im Einklang sind, dann senden Sie unter Umständen die falsche Botschaft aus."

„Wie das?", fragte Pia ängstlich.

„Hier kommen wieder die zwei Seiten der Münze ins Spiel. Lassen Sie uns den hypothetischen Fall annehmen, Sie wollten einen gewissen jungen Mann mit Terrier wiedersehen und von ihm umworben werden."

Pia wurde rot. „Rein hypothetisch natürlich."

Petunia klopfte ihr begütigend aufs Knie. „Natürlich. Gehen wir davon aus, dass Sie nicht im Einklang mit sich sind. Dann werden gleichzeitig mit diesem Wunsch Befürchtungen auftauchen. Darüber haben wir ja bereits gesprochen. Wenn Sie diesen Wunsch hegen, werden jene Befürchtungen ebenfalls ausgesendet. Das nennt man dann eine sich widersprechende Botschaft und Sie werden anziehen, was sie ausgesendet haben. Wenn Sie aber im Einklang mit sich sind, dann werden diese Befürchtungen eben nicht auftauchen und der Wunsch wird klar und deutlich in die Welt geschickt. Damit muss er sich verwirklichen."

„Das ist aber gar nicht so einfach zu wissen, wann man wirklich im Einklang ist", zweifelte Pia.

„Sie sind auf dem besten Wege dazu, meine liebe Pia. Es bedarf der Übung und Übung macht die Meisterin! Sollten Sie unsicher sein, dann können Sie sich auf das Allgemeine zurückfallen lassen. Erst wenn Sie sich ganz sicher sind, dann werden Sie sich etwas ganz Bestimmtes wünschen."

„Was meinen Sie damit?“, fragte Pia verwirrt. „Allgemein und bestimmt?“

„Im Zweifelsfall wünschen Sie sich einfach, glücklich zu sein. Ohne bestimmte Vorstellungen damit zu verbinden. Lassen Sie uns bei unserem hypothetischen Beispiel bleiben. Wenn Sie sich nicht sicher über Ihren Zustand sind, dann tauchen Sie einfach in das Gefühl ein, sich geborgen und geliebt zu fühlen. Wie das geschehen wird, soll nicht Ihre Sorge sein. Das ist das Allgemeine. Wenn Sie aber voll und ganz im Einklang sind, dann können Sie sich vorstellen, wie Sie mit dem jungen Mann und zwei Terriern verliebt über die Wiese spazieren. Das ist das Bestimmte.“

„Jetzt verstehe ich“, sagte Pia langsam. „Ich glaube, ich verstehe es jetzt wirklich. Das gilt auch für meine Liste, oder? Also wo ich aufgeschrieben habe, wer ich sein möchte. Ich sollte im Einklang mit mir sein, wenn ich mir überlege, wer ich sein und was ich erleben möchte, nicht wahr?“

Petunia glättete eine unsichtbare Falte ihres himmelblauen Kleides und wieder hatte Pia den merkwürdigen Eindruck, dass die alte Dame verblasste und dann wieder deutlicher sichtbar wurde.

Petunia schaute Pia in die dunkelblauen Augen. „Machen Sie nie etwas wichtiger, als im Einklang zu sein. Das ist die Voraussetzung für alles. Im Einklang zu sein macht Sie glücklich und alle physischen Manifestationen sind nur eine Folge dieses Einklangs. Seien Sie im Einklang mit sich, wenn Sie sich Ihr Leben vorstellen und gestalten – in jedem Bereich.“ Petunia lächelte fein. „Ich bin sicher, es wird viel Erfreuliches geschehen in der nächsten Zeit. Sie sollten Ihre alten Artikel und Zeichnungen wieder einmal betrachten. Ich bin sicher, Sie haben einen ganz wundervollen Geschmack, wenn es um Mode geht.“

Mit diesen Worten stand Petunia auf und griff nach ihrer großen schwarzen Handtasche. Wieder schaute sie zum

Himmel auf. Die eine kleine weiße Wolke hatte mittlerweile Gesellschaft bekommen.

Pia blickte ebenfalls nach oben. „Das Wetter scheint sich zu ändern", sagte sie beiläufig. Dann pfiff sie nach Herkules, der eilig herbei gerannt kam. Petunia bückte sich und streichelte den kleinen Terrier zärtlich. Dann nickte sie Pia zu und ging in den Wald hinein.

Frau und Hund sahen ihr hinterher und beobachteten, wie Petunia und der weiche Wolkendutt langsam im Grün des Waldes zu verblassen schienen.

„Bis morgen", dachte Pia und spürte eine seltsame Traurigkeit in sich aufsteigen.

Pias Tatendrang vom Morgen war einer behaglichen Müdigkeit gewichen. Herkules lag auf dem Sofa neben ihr und hatte sich auf den Rücken gedreht. Eine stumme Aufforderung an sie, endlich seinen Bauch zu kraulen. Geistesabwesend gehorchte Pia. Sie saß noch immer über ihren Glückskekse-Sprüchen. Es fiel ihr schwer, sich zu konzentrieren, denn Petunias zarte Gesichtszüge schoben sich immer wieder zwischen ihre Gedanken. Pia beschloss seufzend, die Glückskekse für den Moment sich selbst zu überlassen und lieber in ihr Tagebuch zu schreiben.

Glückskekse kommen nicht aus dem Verstand und von langen Grübeleien, sondern von meiner inneren Stimme, die ich meistens überhöre, weil meine Gedanken zu laut sind. Damit ich meine innere Stimme hören kann, muss ich meine Gedanken still werden lassen und das klappt ziemlich gut, wenn ich Herkules beim Schnarchen zuhöre. Außerdem krieg ich beim Meditieren so ein feines Gefühl von Schwerelosigkeit, was bedeutet, dass ich mich von meinem Verstand gelöst habe. Wenn ich im Einklang mit meinen Gänseblümchen bin, dann kommen die Inspirationen von ganz alleine. Es ist total wichtig, im Einklang zu sein, wenn ich mir etwas wünsche, damit ich nicht das Risiko eingehe, etwas auszusenden, das ich gar nicht aussenden will. Wenn ich im Einklang mit mir bin, dann sende ich eine klare Botschaft und mein Wunsch wird sich erfüllen. Wenn ich mir nicht sicher bin, ob ich im Einklang mit mir bin, dann wünsche ich im Allgemeinen und wenn ich sicher bin, dass ich mit mir im Einklang bin, dann kann ich mir was ganz Bestimmtes wünschen. Gurus sind eigentlich überflüssig, denn nicht die Worte lehren, sondern die eigenen Erfahrungen. Man kann ihnen aber zuhören, wenn man überprüft, ob das, was sie sagen, für einen selbst wahr ist. Manchmal klappt nicht alles hundertprozentig, aber Übung macht die Meisterin.

Pia seufzte leise. Irgendwie hatte sie ein komisches Gefühl im Bauch. So, als läge Veränderung in der Luft. Veränderung ist was Gutes, beschloss sie. Dann legte sie das rotsamtene Tagebuch beiseite, stopfte sich ein Kissen in den Rücken und kreuzte die Beine zum Schneidersitz. Herkules hatte zu schnarchen begonnen.

Auf eigenen Beinen

Eine Reise endet nur, weil eine andere beginnt.

Das merkwürdige Gefühl war nicht von Pia gewichen. Am nächsten Morgen wachte sie auf mit einer seltsamen Ahnung von Unabänderlichkeit. Es fühlte sich nicht besonders angenehm an und so legte Pia noch eine kleine Meditationsrunde ein, bevor sie aufstand. Da Herkules bereits wach war, konzentrierte sie sich auf die Geräusche, die der Wind in den Bäumen verursachte. Ihre Gedanken wurden still und ihre gute Laune kehrte zurück.

Als sie das Haus verließ, bemerkte sie, dass das anhaltend schöne Wetter vorerst von grauen Wolken und stürmischen Windstößen abgelöst worden war. Sie hoffte sehr, dass es am Nachmittag nicht regnen würde. Wieder spürte sie diese innere Unruhe, die sie bereits am Abend zuvor und auch am Morgen wahrgenommen hatte. Wenn sie in sich hinein hörte, dann musste sie sich eingestehen, dass diese Unruhe mit Petunia zu tun hatte. Sie fürchtete, etwas könnte sie davon abhalten, die alte Dame heute zu treffen. Regen zum Beispiel. Herkules dagegen hatte keinerlei Bedenken und lief fröhlich neben ihr her zur Teestube.

Es war mal wieder viel los. Pia vergaß ihr komisches Gefühl und hastete mit Teekännchen, Kaffeetassen und Kuchentellern zwischen Theke und Tischen hin und her. Erst kurz vor Ende ihrer Schicht fand sie Zeit, mit Margot über die Glückskekse zu sprechen und freute sich, dass ihre Chefin sich für einen geradezu idealen Teig entschieden hatte und gespannt auf die schlauen Sprüche war, die Pia nur noch einfallen mussten. Sie würde das an ihrem freien Tag erledigen, direkt nach der Meditation, die dafür sorgen musste, dass die Inspirationen nur so fließen würden!

Auf dem Weg zur großen Wiese waren die Wolken noch düsterer geworden, der Wind riss an Pias dunkler Mähne und Herkules kläffte unternehmungslustig. Kühl war es nicht. Die Wärme der vergangenen Tage ließ sich weder von Wolken noch vom Sturm vertreiben, genauso wenig wie der Enthusiasmus des kleinen Terriers, der mit fliegenden Ohren neben Pia herlief.

Pia hoffte, dass die zierliche Petunia nicht davon geweht werden würde und hielt bange Ausschau nach der alten Dame. Sie waren mittlerweile an der großen Wiese angekommen und konnten die alte Eiche sehen, deren Blätter vom Wind zerzaust wurden. Herkules schoss los, um als Erster an der himmelblauen Bank anzukommen, doch die ... war nicht mehr da.

Pias Herz sank. Das darf nicht wahr sein, flehte sie innerlich. Bitte lass das nicht wahr sein. Sie wusste nicht recht, an wen sie diese Bitte richtete, aber das war auch egal, denn erfüllt wurde sie ihr offensichtlich nicht. Die himmelblaue Bank war und blieb verschwunden und Herkules schnüffelte verwirrt an der Stelle, an der sie eigentlich hätte stehen sollen.

Langsam folgte Pia ihm und kam sich nutz- und sinnlos vor. Petunia würde nicht wiederkommen. Schwer und grau fühlte sich diese Erkenntnis an, als sie sich in Pias Kopf und Herz und Bauch ausbreitete. Sie ließ sich auf den Boden gleiten, setzte sich dorthin, wo die Bank hätte stehen sollen und machte die Augen zu. Im Geiste beschwor sie die himmelblaue Petunia, samt Wolkendutt und großer schwarzer Handtasche und rief ihr zu: „Das ist gemein! Sie haben sich nicht einmal verabschiedet! Ich will nicht, dass Sie weg sind!“ Dann kamen die Tränen, die Herkules ihr besorgt von den Wangen leckte. Pia vergrub ihr Gesicht in seinem rauen Fell und atmete dann erst einmal tief durch.

Bloß nicht schlappmachen, ermahnte sie sich. Das würde Petunia nicht gutheißen. Wenn sie gegangen war, dann hatte sie einen guten Grund dafür. Petunia tat nichts ohne guten Grund, soviel war klar. Welche Schlussfolgerungen könnte ich also treffen, die mir ein gutes Gefühl geben und die nicht von der alten Pia kommen, die sich mal wieder verlassen fühlt? Pia überlegte. Dann wusste sie es: Petunia ist gegangen, weil ich jetzt in der Lage bin, auf eigenen Beinen zu stehen. Das fühlte sich wirklich gut an und die Gänseblümchen nickten eifrig mit ihren weißen Köpfchen dazu.

Pia holte einen Hundekeks aus ihrer Jackentasche und bedankte sich damit bei Herkules, weil er sie so schön getröstet hatte. Dann stand sie auf, klopfte sich den Dreck vom Hosenboden und beschloss, noch ein bisschen spazieren zu gehen. Als sie unter der Eiche hervortrat, wurde es plötzlich ganz still. Der Wind hatte aufgehört. Pia schaute zum Himmel und spürte die ersten Regentropfen auf ihrem Gesicht. Es war ein warmer, freundlicher, lebendiger Regen, der ihr Herz zum Singen brachte. Ein Frühlingsregen, der von wunderbaren Möglichkeiten kündete. Ein Gefühl von Dankbarkeit erfüllte Pia und lächelnd machte sie sich mit Herkules auf den Heimweg.

„Pia!“

Pia drehte sich überrascht um. Am Waldrand tauchten Patrick und Siegfried auf. Herkules bellte hocherfreut und rannte auf die beiden zu. Pia blieb stehen und dachte mit klopfendem Herzen: Das gibt’s ja wohl nicht! Ihr war, als würde sie Petunias glockenhelles kleine Lachen hören und dann waren die drei bei ihr angelangt.

„Ich würde dir ja meinen Regenschirm anbieten, aber ich hab leider keinen“, grinste Patrick.

„Ich auch nicht“, bestätigte Pia das Offensichtliche und lächelte selig.

Als Pia und Herkules zuhause ankamen, hatte sie Patricks Handynummer abgespeichert und eine Verabredung für das kommende Wochenende klargemacht. Sie rubbelte Herkules trocken, zog die nassen Klamotten aus und wickelte sich in ihren Bademantel. Dann nahm sie dem kleinen Terrier das Halsband ab und stutzte. Am Halsband befestigt war ein kleines Zettelröllchen, zusammengehalten von einem Gummiring. Pia wurde blass. Das verschwundene Zettelröllchen mit den Fragen, die sie Petunia hatte stellen wollen! Wie war das möglich? Im gleichen Augenblick wusste sie, dass alles möglich war, wenn Petunia im Spiel war. Mit zitternden Fingern löste sie den Zettel vom Halsband und zog den Gummiring ab. Dann zögerte sie. Ob das eine Botschaft von Petunia sein könnte? Sie konnte sich kaum vorstellen, dass sie einfach nur ihre eigenen Fragen auf dem Zettel wiederfinden würde. Aber vielleicht die Antworten darauf. Die konnte sie auf keinen Fall hier im Flur lesen, dafür wäre ein angemessen feierlicher Rahmen notwendig.

Sie steckte das Röllchen in die Tasche ihres Bademantels, füllte die Futterschüssel für Herkules und machte sich ein Sandwich. Sie hatte seit dem Morgen nichts mehr gegessen und bemerkte erst jetzt, wie ausgehungert sie war. Dann schenkte sie sich ein Glas Rotwein ein und stellte es auf dem kleinen Tischchen neben dem Sofa ab.

Kerzen! Sie brauchte unbedingt ein paar Kerzen und vielleicht ein Räucherstäbchen. Und Musik. Sie lief hin und her, um Kerzen und Räucherstäbchen zu suchen und als sie beides gefunden hatte, suchte sie auf ihrem Handy nach der passenden Musik. Vielleicht was Klassisches, überlegte sie. Oder Ballladen? Oder was Irisches? Pia fragte sich, welche Art Musik zu Petunias Botschaft passen könnte, denn dass es eine Botschaft war, daran zweifelte sie jetzt keine Sekunde mehr.

Schließlich wurde ihr klar, dass sie sich nur ablenkte, um das Unvermeidliche hinauszuzögern, setzte sich aufs Sofa und entfernte den Gummiring. Ihr Herz klopfte aufgeregt, als sie den Zettel entrollte und glattstrich. Pia betrachtete die zierliche Handschrift in himmelblauer Tinte und es war ihr, als wäre sie ihr so vertraut wie ihre eigene. Herkules hatte sich neben sie gesetzt und wartete ungeduldig darauf, zu erfahren, was Petunia geschrieben hatte. Pia las langsam.

„Mein liebes Kind, ich bin sehr froh, dass Sie bereit sind, auf eigenen Beinen zu stehen. Ich kann Ihnen versichern, dass Sie absolut dazu in der Lage sind, Ihr Leben nach Ihren Wünschen zu gestalten und so glücklich zu sein, als wären Sie das Glück in Person! Alles, was Sie sich wünschen ist bereits da und wartet nur darauf, in Ihre Wirklichkeit zu kommen. Denken Sie nur immer daran, die Arme auszubreiten und alles Wunderbare und Schöne mit ganzem Herzen so zu empfangen, wie Sie mich empfangen haben.
In Liebe, Ihre Petunia."

Eine Träne tropfte auf den kleinen Zettel und drohte, das Wort „Glück" verschwimmen zu lassen. Vorsichtig tupfte Pia das Papier mit dem Ärmel ihres Bademantels trocken. Mal wieder typisch, dachte sie. Immer noch keine einzige Info über Petunia. Dann schluchzte sie ein bisschen und Herkules kläffte dazu. Er mochte keine Rührseligkeiten.

An diesem Abend las Pia Petunias Botschaft noch viele Male. Mit jedem Mal wurde sie froher. Sie fühlte sich gerührt und geschüttelt und ganz allgemein so, als wäre sie nach dem Schleudergang von der Waschmaschine ausgespuckt worden.

Sie war so aufgewühlt vor lauter Freude und Traurigkeit, Dankbarkeit und Sehnsucht, dass sie noch ein Glas Rotwein trank, um sich zu beruhigen. Dann streckte sie sich auf dem Sofa aus, Herkules legte sich auf ihren Bauch und so schliefen sie ein.

Gegen Mitternacht erwachte Pia, schob Herkules vorsichtig von ihrem Bauch und setzte sich auf. Sie war plötzlich hellwach. Leise stand sie auf und trat ans Fenster. Es hatte aufgehört zu regnen, am Himmel konnte sie den Vollmond sehen. Sie machte ein Selfie und stellte fest, dass Frieden in ihr herrschte. Eine Art von froher Gelassenheit, die sie so nicht kannte. Liebe Petunia, dachte sie und schickte ein kleines Küsschen zum Vollmond, überzeugt, dass die alte Dame es mit zierlichen Händen fangen würde.

Dann holte Sie das rotsamtene Tagebuch, zündete eine Kerze an und - begleitet vom rhythmischen Schnarchen des kleinen Terriers - begann Pia zu schreiben.

Petunia ist weg. Ich weiß nicht, ob sie jemals wiederkommt, aber ich glaube, sie würde kommen, wenn ich sie wirklich brauchen würde. Aber irgendwie glaube ich nicht, dass die neue Pia Petunia wirklich brauchen würde. Aber sie wird sie immer wollen. Ich bin eine neue Pia geworden und einen Weg zurück gibt es nicht. Nur einen Weg vorwärts. Wenn ich mir diesen Weg vorstelle, dann wird mir ganz leicht ums Herz und das heißt wohl, dass ich im Einklang mit mir bin – so wie es Petunia gefallen würde. Sie hat mir eine Botschaft hinterlassen und die war so klein geschrieben, dass ich fast eine Lupe geholt hätte. Aber umso größer ist meine Freude über das, was sie mir geschrieben hat. (Nichts natürlich darüber, wer sie ist und wo sie herkommt). Sie traut mir zu, dass ich auf eigenen Beinen stehen kann und sie muss es wissen. Das macht mich glücklich und dankbar und sehr zuversichtlich. Sie hat geschrieben, dass alles, was ich mir wünsche, schon da ist. Darüber muss ich noch ein wenig nachdenken, aber ich schätze, das ganze Zeug ist dort, wo Petunia auch ist. Irgendwo außerhalb meiner Welt, aber ganz nah. Ich muss nur die Arme ausbreiten, hat sie geschrieben, und alles Schöne

empfangen. Das will ich tun so gut ich kann. Petunia würde es wahrscheinlich anders ausdrücken. Vielleicht so: Ich werde diesen Ratschlag beherzigen und empfangen, was zu empfangen ich vermag. Ja, das klingt eher nach Petunia.
PS: Außerdem habe ich heute Patrick wiedergetroffen und er ist wirklich sehr nett und witzig. Ob ich ihn mit ausgebreiteten Armen empfange, das bleibt abzuwarten. Mal sehen, wie unsere Verabredung am Wochenende wird.
PPS: Was ich aber auf jeden Fall mit weit ausgebreiteten Armen empfangen werde, ist alle Liebe und alles Glück, das ich kriegen kann. Das in mir und das, was da draußen noch auf mich wartet.

Pia nickte und war sehr einverstanden mit sich. Und in das Tagebuch werde ich weiter schreiben, dachte sie. Da sind noch jede Menge leere Seiten.

Pias Tagebuch ... bis jetzt

„Wir sind bereits glücklich"

Glück ist eine Ansammlung von zufriedenen Momenten, in denen einem alles genau richtig erscheint – die Welt ist genau richtig und man selbst auch. Wir erleben solche Momente immer wieder, oft ohne sie zu bemerken. Wir alle wollen glücklich sein und wir glauben, wir können nicht glücklich sein, solange wir nicht haben, was wir uns wünschen. Dabei können wir in jedem Moment glücklich sein, auch wenn das, was wir uns wünschen, noch nicht da ist. Eigentlich sind wir bereits glücklich, sonst hätten wir keine glücklichen Momente. Wenn wir glücklich sind, denken wir nicht an unsere Probleme. Wenn wir nicht an unsere Probleme denken, sind sie nicht mehr da. Deswegen müssen wir uns mit schönen Sachen ablenken, damit wir nicht mehr an unsere Probleme denken.

„Wir ziehen an, was wir aussenden"

Wir haben einen Magnet in unseren Bäuchen, der auf eine bestimmte Frequenz eingestellt ist. Alles, was zu dieser Frequenz passt, zieht dieser Magnet in unser Leben. Auf welche Frequenz dieser Magnet eingestellt ist, bemerken wir daran, was in unserem Leben geschieht und daran, wie wir uns fühlen. Wenn wir uns gut fühlen, zieht der Magnet gute Sachen an. Wenn wir uns mies fühlen, zieht er miese Sachen an. Deswegen müssen wir dafür sorgen, dass wir uns so oft wie möglich gut fühlen, damit wir hauptsächlich in einer guten Stimmung sind. Dann ist unser vornehmlicher Zustand eine Frequenz, die immer mehr gute Dinge anzieht. Manchmal dauert es ein bisschen, bis die Dinge erscheinen, die wir uns wünschen. Aber sie kündigen sich durch Vorboten an, die wir wahrnehmen können. Wenn wir uns über die Vorboten freuen, erfüllen sich unsere Wünsche schneller. Wenn wir die Vorboten missverstehen und einfach nur sauer sind, weil unsere Wünsche noch nicht erfüllt sind, dann geht es langsamer.

„Ich habe Macht über meine Gedanken"

Wenn mir etwas passiert, das mir nicht gefällt, dann habe ich die Wahl, wie ich das Geschehene beurteile. Ich kann mich ärgern, oder ich kann dankbar dafür sein. Wenn ich mich ärgere, dann fühle ich mich schlecht. Wenn ich dankbar bin, dann fühle ich mich gut. Wenn ich mich gut fühle, dann sorgt mein gutes Gefühl dafür, dass ich mehr Dinge anziehe, die dafür sorgen, dass ich mich gut fühle. Ich kann dankbar für die Stolpersteine sein, weil sie mich darauf aufmerksam machen, was ich nicht will. Wenn ich weiß, was ich nicht will, dann weiß ich auch, was ich will – nämlich genau das Gegenteil von dem, was ich nicht will. Wenn ich mich von anderen Leuten ärgern lasse, dann gebe ich Macht an sie ab; die Macht über meine Stimmung und meinen Zustand. Mein Zustand bestimmt, auf welche Frequenz mein Magnet ausgerichtet ist und damit darüber, was ich erlebe. Ich bin immer unter irgendeinem Einfluss. Entweder unter meinem eigenen oder unter einem fremden Einfluss. Ich möchte unter meinem Einfluss stehen. Wenn ich mir negative Geschichten erzähle oder über sie nachdenke, dann verstärke und verfestige ich diese Geschichten, weil ich jedes Mal die gleichen Gefühle fühle wie in dem Moment, als ich die Geschichte erlebt habe. Ich will mich aber nicht schlecht fühlen. Ich will mich gut fühlen!

„Ich kann mich bewusst ausrichten"

Ich hab jetzt also einen Magneten im Bauch, Antennen auf dem Kopf und einen Kompass irgendwo. Lauter nützliche Dinge, die mir dabei helfen, in die Richtung zu gehen, in die ich gehen will. Ich komme wir vor wie ein kleiner Roboter, der gerade lernt, wie er funktioniert. Heute hab ich gelernt, dass meine Antennen meistens auf das gerichtet sind, was in der Außenwelt passiert. Wenn meine Antennen etwas wahrnehmen, dann reagiere ich, entsprechend der Filter, durch die ich auf die Welt schaue. Diese Filter sind durch meine ganzen bisherigen Erfahrungen entstanden und jeder Mensch hat eigene Filter, weil jeder andere Erfahrungen gemacht hat. Weil wir alle durch unsere persönlichen Filter schauen, sehen wir alle eine persönliche Realität, die vielleicht gar nichts mit der Realität der anderen Leute zu tun hat. Wenn man das weiß, dann wird es leichter, Verständnis für andere zu haben und auch für sich selbst. Es ist wichtig, dass wir uns unserer Antennen bewusst sind, wie sie funktionieren und dass wir sie willentlich ausrichten können. Wenn wir das nicht wissen, dann tauchen wir in die Realitäten anderer Leute ein, ohne es zu bemerken und fühlen, was sie fühlen. Wenn das nichts Gutes ist, dann fühlen wir uns schlecht. Dass wir fühlen können, was andere fühlen, nennt man Empathie. Und das ist eine Gabe, die wir nutzen können. Sie warnt uns vor Gefahr, macht uns mitfühlend und verständnisvoll. Das ist eine gute Sache! Wir brauchen weder stolz darauf zu sein, noch müssen wir uns davor fürchten. Wir alle haben diese Gabe und eigentlich ist das ein echter Vorteil, finde ich.

Wenn wir sie zu unserem Vorteil nutzen, fällt es uns leichter, unter unserem eigenen Einfluss zu bleiben, statt unter dem Einfluss der Gefühle der anderen Leute zu sein. (Ich sage nur: Nachbarin und Blaumeisengezwitscher)

„Ich kann dankbar sein für die Stolpersteine des Lebens"

Es gibt kein Leben ohne Stolpersteine. Das ist gut so, denn jeder Stolperstein bringt die Menschheit weiter. Gäbe es keine Stolpersteine mehr, dann würden wir auf dem Meer des Lebens vor uns hindümpeln, statt die Segel zu setzen und uns auf zu neuen Ufern zu machen. Eigentlich ist die ganze Welt ein riesiges Puzzle, das aus allen möglichen Steinchen zusammengesetzt ist und mein Verstand ist nicht groß genug, um dieses riesige Puzzle zu erkennen, oder zu begreifen, wie es sich zusammensetzt. Das Erkennen des großen Ganzen übersteigt meine Kompetenz, aber es liegt in meiner Macht, auf die Stolpersteine so zu reagieren, wie es mir guttut. Es tut mir nicht gut, mit Verzweiflung, Wut und Trauer zu reagieren und deswegen will ich lieber mit Lachen und Hoffnung reagieren. Ich will glauben, dass da etwas ist, was für mich sorgt und mich davor bewahrt, von einem Auto angefahren zu werden, weil ich auf dem Gehsteig ausrutsche. Selbst wenn ich mir deswegen die nagelneuen Stiefel versauen lassen muss.
PS: Ich liebe Hunde. Nicht nur, weil sie süß sind und die beste Gesellschaft, die man haben kann, sondern auch weil sie im Hier und Jetzt leben. Wenn ich auch im Hier und Jetzt leben könnte, dann würde ich mich nicht mehr über die Vergangenheit ärgern und keine Angst vor der Zukunft haben. (Der blöde Tom!)

„Die zwei Seiten der Münze"

Jeder Wunsch ist wie eine Münze. Auf der einen Seite ist die Freude auf das, was man sich wünscht und auf der anderen Seite ist die Angst, etwas Unangenehmes zu erleben, wenn man sich was wünscht. Das ist ganz normal und nichts, dem man aus dem Weg gehen muss. Man muss es nur wissen und man erkennt es ganz leicht, wenn man in sich hinein spürt. Die Ängste und die Zweifel auf der einen Seite der Münze kommen daher, dass wir in der Vergangenheit Dinge erlebt haben, die uns prägen und die Ängste und Zweifel auslösen. Wenn wir an ihnen festhalten und uns von ihnen leiten lassen, können wir uns nur schwer für die Erfüllung unserer Wünsche öffnen. Wir können uns aber jederzeit auf die andere Seite der Münze konzentrieren. Die Seite, auf der unser Wunsch leuchtet und mit ihm die Freude und das Glück und die Hoffnung und die Zuversicht. Genau das Zeug, auf das unser innerer Kompass zeigt und wohin wir unseren Magneten ausrichten können. Ich hab heute gelernt, dass ich eine Liebende bin, auch wenn ich auf Menschen treffe, die sich nicht liebevoll benehmen. Ich will nicht gegen meine Natur ankämpfen und deswegen bleibe ich eine Liebende. Außerdem habe ich heute etwas Wichtiges losgelassen und die Auswirkungen davon werde ich zu spüren kriegen.

„Wunder sind ganz normal"

Ich darf Wunder erwarten. Wunder sind etwas Wunderbares, vor allem deswegen, weil sie nicht erklärbar sind. Wenn ich Dinge nicht erklären muss, dann kann ich mich auf die Freude einlassen, die sie mir machen. Wenn ich etwas Wunderbares erlebe, dann fühle ich mich leicht

und genau richtig. So wie die Pia, die ich eigentlich bin. Die Pia, die ich wirklich bin, die ist glücklich und dankbar und freut sich auf die Zukunft. Wenn ich so bin, dann geht es gar nicht anders, als dass ich meine Stolpersteine als das sehe, was sie sind: als Hilfe. Petunia ist ein Wunder, das ich nicht erklären muss und das ich in mein Leben gezogen habe, weil ich mir ganz dringend ein Wunder gewünscht habe, auch wenn ich das nicht wusste. Loslassen ist eine gute Sache und auch wenn ich manchmal ein paar unzuverlässige Grasbüschel dazu brauche, lasse ICH los, weil ich mich nicht mehr auf das konzentriere, was losgelassen werden soll, sondern auf das, was ich erleben will. Weil ich mich nicht mehr ärgere und nicht mehr traurig bin über das Vergangene und mich auf das freue, was kommt. So funktioniert loslassen und das ist das ganze Geheimnis.
PS: und manchmal fühlt man sich danach krank, weil der Körper auch loslassen muss. Aber das ist ok.

„Ich kann loslassen"

Meine Wünsche erfüllen sich leichter, wenn ich sie loslasse. Loslassen bedeutet ganz einfach, dass ich nicht daran zweifle, dass sie sich erfüllen. Wenn ich darauf vertraue, dass sie sich erfüllen, dann kann ich mich auf andere Dinge konzentrieren, die mir Freude machen. Dadurch werde ich froh und dankbar und fühle mich total leicht, was wiederum dazu führt, dass ich Dinge anziehe, die mich froh machen und so erfüllen sich Wünsche. Dankbar zu sein ist ganz einfach. Ich muss nur an die Sachen denken, für die ich dankbar bin. Selbst wenn das Petunia ist, meine liebe Gouvernante. (Scherz) Heute habe ich gelernt, dass ich wunderschöne Augen habe. Man soll sich zwar nicht selbst loben (ich bin fast sicher, dass Petunia dem widersprechen würde), aber es sind wirklich schöne Augen, die eigentlich nur zu einer Person gehören können, die ganz wunderbar ist. So möchte ich mich sehen. Als eine wunderbare Person, die von anderen Menschen als wunderbar empfunden wird. Denn wenn ich wunderbar bin, dann wird mein Leben wunderbar. Ich muss nur alle möglichen Programmierungen loswerden und dann geht's los!

„Selfies helfen, in Einklang zu kommen"

Mit dem Widerstand ist es eine komische Sache. Es gibt einen äußeren und einen inneren. Der äußere ist eigentlich ein Stolperstein. Also etwas, das uns stört, weil wir einen inneren Widerstand dagegen spüren. Der innere Widerstand ist ein Zeichen dafür, dass wir nicht im Einklang mit unseren Gänseblümchen sind. (Obwohl ich nicht weiß, ob andere Leute auch ein wahres Selbst mit Gänseblümchenkranz haben oder nur ich). Wenn wir den Weg des geringsten inneren Widerstands gehen, dann sind wir im Einklang, dann fühlen wir uns gut. Im Außen müssen wir uns davor hüten, den Weg des geringsten Widerstands zu gehen, weil, das könnte bedeuten, dass wir aufgeben, statt mit unserem inneren Kompass alles zu verändern, was uns im Weg steht. Ob wir aufgeben oder loslassen merken wir daran, ob es sich gut oder schlecht anfühlt. Aufgeben fühlt sich mies an, Loslassen fühlt sich richtig gut an. Am besten ist es, ständig ein Selfie zu machen, damit wir bemerken, wie wir uns fühlen. Wenn ich ein Problem habe, dann bin ich nicht im Einklang mit meiner inneren Pia. Das ist aber egal, solange ich mich nicht darauf konzentriere, sondern auf das, was gut läuft. Irgendwann ist das Problem dann wie von selbst verschwunden. Und nochmal – ich bin eine Liebende! Jetzt wo ich das schreibe ... ich glaube, ich muss nochmal darüber nachdenken, was das bedeutet.

„Ich bestimmte, unter welchem Einfluss ich stehe"

Heute war ich erst die neue Pia, die sich bei Margot entschuldigt hat und die dann ein tolles Gespräch mit ihr über fantastische Ideen für die Zukunft der Teestube hatte. Dann war ich die beleidigte, verlassene alte Pia, die total ungeeignete Schlussfolgerungen gezogen hat, die mir nicht gut getan haben. (Es ging um den Turnschuh-Typen.) Ab jetzt werde ich nicht nur ständig Selfies machen, sondern mich immer fragen: unter welchem Einfluss stehe ich gerade? Und wenn es nicht der Einfluss der neuen Pia ist oder noch besser – der Gänseblümchen Pia – dann werde ich nicht auf diesen Einfluss hören. Was ich sein möchte ist ein »work in progress« und ich bin gespannt, was ich noch alles dabei entdecke! Meditation ist dafür da, blöde Gedanken zu stoppen und eine gute Sache, die ich ausprobieren werde. Die Gedanken, mit denen ich ins Bett gehe, mit denen wache ich auf. Deswegen werde ich ab jetzt immer mit schönen Gedanken einschlafen.
PS: wie gut, dass ich so viel Latein verstehe!
PPS: hat Petunia heute so geklungen, als würde sie nicht mehr oft zur himmelblauen Bank kommen? Das ist eine Schlussfolgerung, die von der alten Pia kommt, die nicht verlassen werden möchte. Hoffe ich...

„Meine innere Stimme flüstert“

Glückskekse kommen nicht aus dem Verstand und von langen Grübeleien, sondern von meiner inneren Stimme, die ich meistens überhöre, weil meine Gedanken zu laut sind. Damit ich meine innere Stimme hören kann, muss ich meine Gedanken still werden lassen und das klappt ziemlich gut, wenn ich Herkules beim Schnarchen zuhöre. Außerdem krieg ich beim Meditieren so ein feines Gefühl von Schwerelosigkeit, was bedeutet, dass ich mich von meinem Verstand gelöst habe. Wenn ich im Einklang mit meinen Gänseblümchen bin, dann kommen die Inspirationen von ganz alleine. Es ist total wichtig, im Einklang zu sein, wenn ich mir etwas wünsche, damit ich nicht das Risiko eingehe, etwas auszusenden, das ich gar nicht aussenden will. Wenn ich im Einklang mit mir bin, dann sende ich eine klare Botschaft und mein Wunsch wird sich erfüllen. Wenn ich mir nicht sicher bin, ob ich im Einklang mit mir bin, dann wünsche ich im Allgemeinen und wenn ich sicher bin, dass ich mit mir im Einklang bin, dann kann ich mir was ganz Bestimmtes wünschen. Gurus sind eigentlich überflüssig, denn nicht die Worte lehren, sondern die eigenen Erfahrungen. Man kann ihnen aber zuhören, wenn man überprüft, ob das, was sie sagen, für einen selbst wahr ist. Manchmal klappt nicht alles hundertprozentig, aber Übung macht die Meisterin.

„Die neue Pia ist stark“

Petunia ist weg. Ich weiß nicht, ob sie jemals wiederkommt, aber ich glaube, sie würde kommen, wenn ich sie wirklich brauchen würde. Aber irgendwie glaube ich nicht, dass die neue Pia Petunia wirklich brauchen würde. Aber sie wird

sie immer wollen. Ich bin eine neue Pia geworden und einen Weg zurück gibt es nicht. Nur einen Weg vorwärts. Wenn ich mir diesen Weg vorstelle, dann wird mir ganz leicht ums Herz und das heißt wohl, dass ich im Einklang mit mir bin – so wie es Petunia gefallen würde. Sie hat mir eine Botschaft hinterlassen und die war so klein geschrieben, dass ich fast eine Lupe geholt hätte. Aber umso größer ist meine Freude über das, was sie mir geschrieben hat. (Nichts natürlich darüber, wer sie ist und wo sie herkommt). Sie traut mir zu, dass ich auf eigenen Beinen stehen kann und sie muss es wissen. Das macht mich glücklich und dankbar und sehr zuversichtlich. Sie hat geschrieben, dass alles, was ich mir wünsche, schon da ist. Darüber muss ich noch ein wenig nachdenken, aber ich schätze, das ganze Zeug ist dort, wo Petunia auch ist. Irgendwo außerhalb meiner Welt, aber ganz nah. Ich muss nur die Arme ausbreiten, hat sie geschrieben, und alles Schöne empfangen. Das will ich tun so gut ich kann. Petunia würde es wahrscheinlich anders ausdrücken. Vielleicht so: Ich werde diesen Ratschlag beherzigen und empfangen, was zu empfangen ich vermag. Ja, das klingt eher nach Petunia.
PS: Außerdem habe ich heute Patrick wiedergetroffen und er ist wirklich sehr nett und witzig. Ob ich ihn mit ausgebreiteten Armen empfange, das bleibt abzuwarten. Mal sehen, wie unsere Verabredung am Wochenende wird.
PPS: Was ich aber auf jeden Fall mit weit ausgebreiteten Armen empfangen werde, ist alle Liebe und alles Glück, das ich kriegen kann. Das in mir und das, was da draußen noch auf mich wartet.

Alles Glück der Welt wünsche ich dir.
Das große, das kleine, das öffentliche, das geheime, das sichtbare, das unsichtbare.
Alles Glück, das du annehmen kannst!

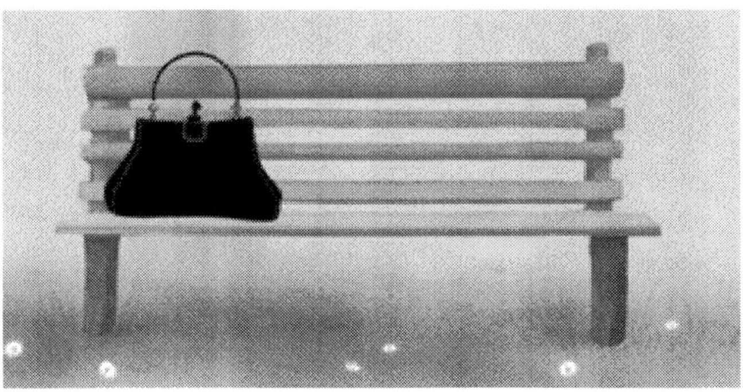

Weitere Bücher von Gabriele Liesenfeld auf den nächsten Seiten und hier ein Blick in ihr Buch:

„Du musst nicht glücklich sein … aber du kannst!"

Mein Glückskompass zum besser Fühlen und für's Finden von Selbstliebe, Freude, Achtsamkeit und Frieden in dir.

Vorwort

In diesem Buch machen wir uns auf die Suche nach dem Glück. Und schon höre ich die ersten Proteste aus der Reihe der Sprüche-Experten: „Glück kann man nicht suchen, Glück kann man nur finden!"

Na gut, dann machen wir uns nicht auf die Suche nach dem Glück, sondern wir räumen mit ein paar Mythen über das Glück auf. Mit dem Ziel allerdings, herauszufinden, was uns glücklich macht, wie wir glücklich werden und wie wir tatsächlich glücklich bleiben können.

Denn das ist es doch, was wir alle wollen. Glücklich sein. Nicht einmal der fieseste Negativling, der uns regelmäßig die Laune verdirbt, möchte unglücklich sein. Er weiß nur nicht, wie er glücklich sein kann oder glaubt nicht daran, dass Glück eine Möglichkeit ist.

Was wissen wir also bereits über das Glück? Ich frage mal die Sprüche-Experten und da höre ich:

- „Glück ist die Summe schöner Momente."
- „Glück ist eine Wahl."
- „Glück ist das einzige, das sich verdoppelt, wenn man es teilt."
- „Das Glück ist ein Vogerl."
- „Glück ist die Fähigkeit, es zu erkennen."
- „Glück ist kostenlos, aber dennoch unbezahlbar."
- „Glück ist kein Ziel, sondern eine Art zu leben."

Und so weiter ... Solche Sprüche machen mich regelmäßig ein wenig ungeduldig. Ich stelle mir dann immer vor, dass mir ein unglücklicher Mensch gegenüber sitzt, der Trost und Hilfe sucht und ich schleudere ihm zum Beispiel lässig entgegen: „Hey, Glück ist eine Wahl! Du brauchst einfach nur zu wählen, glücklich zu sein! Tu das doch endlich!" Ich glaube nicht, dass ihn das auch nur ein kleines bisschen glücklicher machen würde. Eher im Gegenteil. Wahrscheinlich würde er sich verzweifelt fragen, was denn bloß mit ihm nicht stimmt, weil er nicht einfach Glück wählt. Sprüche bringen uns also nicht wirklich weiter, obwohl sicher in dem einen oder anderen ein Körnchen oder Korn Wahrheit sitzt.

In diesem Buch möchte ich über die Sprüche hinausgehen und zusammenfassen, was ich über das Glück und das Glücklichsein herausgefunden habe. Ich habe jedes einzelne Werkzeug und jeden einzelnen Tipp an mir selbst ausprobiert und nur die, die funktioniert haben, sind in diesem Buch gelandet. Denn ich kann wunderschöne Worte für das Glück finden und für all die Dinge, die wir idealerweise sein und tun sollten, aber die schönsten Sätze nutzen nichts, wenn sie unser Leben nicht besser machen. Ich hoffe und stelle mir vor, dass meine Leserinnen und Leser danach ein wenig freier durchatmen können. Dass sie sich stressfrei aufs Glücklichsein konzentrieren können.

Dass sie wissen, dass sie sich jederzeit helfen können, wenn sie unglücklich sind.

Tatsächlich möchte ich, dass du mit diesem Buch einen Glückskompass in die Hand bekommst, der dich verlässlich in die Richtung schickt, in der dein Glück ist. So wie die Kompassnadel immer nach Norden zeigt, so wird deine persönliche Kompassnadel immer in Richtung Glück weisen. Damit du diesen Kompass in dir verankerst, braucht es ein wenig Übung. Übung und ein paar neue Perspektiven. Und das Vertrauen in dich, dass du glücklich sein KANNST. Müssen musst du nicht!

Wenn du dieses Buch fertig gelesen hast, dann magst du dich hoffentlich entspannen. Am besten in dein Glück.

Und damit du dich noch besser entspannen kannst, schenke ich dir eine Meditation für mehr Lebensfreude. Am Ende des Buchs findest du einen QR Code, mit dem du sie herunterladen oder einfach nur anhören kannst.

Einleitung

Alle wollen glücklich sein. Oder? Wenn ich mich so umsehe, dann frage ich mich allerdings schon manchmal, ob Glücklichsein wirklich für jeden das höchste Streben ist oder ob manche Menschen ihr Glück zugunsten eines anderen Ziels vernachlässigen. Tatsächlich kann unser Unterbewusstsein uns am Glück hindern, aber dazu später mehr.

Um glücklich zu werden, können wir uns erst einmal ganz klar darüber werden, dass wir glücklich sein möchten. Wir mögen vielleicht jede Menge Vorstellungen darüber haben, WAS uns glücklich oder unglücklich macht, aber glücklich SEIN wollen wir alle. Manchmal erlauben wir uns nicht, glücklich zu sein und wehren uns aus bestimmten Gründen dagegen, aber darauf kommen wir später zurück.

Wenn du glücklich werden möchtest, solltest du dir zwei Fragen stellen. Die erste Frage lautet:

„Was wünsche ich mir?“

Dann zähle auf, was du dir wünschst. Ein Auto? Einen Urlaub in der Karibik? Ein Haus auf dem Land? Einen Lottogewinn? Liebe? Gesundheit? 20 Kilogramm weniger auf der Waage? Eine Familie? Erleuchtung? Hast du alles aufgezählt, was du dir wünschst? Dann stell dir die nächste Frage:

„Wenn ich wüsste, dass all diese Dinge mich unglücklich machen werden, würde ich sie dann noch wollen?“

Höchstwahrscheinlich lautet die Antwort „Nein“. Damit ist klar, dass du einfach nur glücklich sein willst. Du würdest kein Auto wollen, wenn du wüsstest, dass es dich unglücklich macht. Du würdest keine Partnerschaft wollen, die dich unglücklich macht. Und du würdest auch nicht erleuchtet werden wollen, wenn das Ergebnis dein Unglück wäre.

Wir wollen all diese Dinge nur, weil wir davon ausgehen, dass sie uns glücklich machen würden. Wir streben also nach Glück und suchen uns bestimmte Dinge aus, von denen wir glauben, dass sie zu unserem Glück beitragen.

Was ist Glück? Ein Gefühl, ein Zustand, eine Erfahrung. Wir alle kennen es. Dieses freundliche Blubbern in dir, das dich heiter und gut gelaunt durch deinen Tag gehen lässt. Manchmal auch das Hochgefühl, das dich die Welt umarmen lässt. Als Kind waren wir glücklich, weil wir das neue Fahrrad zum Geburtstag bekommen haben. Als Teenager waren wir glücklich, als wir uns zum ersten Mal verliebt haben und unsere Gefühle erwidert wurden. Als junge Erwachsene waren wir glücklich, weil wir den ersehnten Job an Land gezogen haben. Später waren wir glücklich, weil wir das Haus gekauft haben, in das wir mit unserer Familie eingezogen sind. Nach all diesen Ereignissen waren wir glücklich. Glück ist also eine Erfahrung, die sich wiederholt und die sich immer gleich oder ähnlich anfühlt. Zu unterschiedlichen Zeiten machen uns unterschiedliche Dinge glücklich. Das Gefühl „Glück“ bleibt das gleiche und dieses Gefühl ist es, das wir suchen.

Die Dinge, die uns glücklich machen, verändern sich. Sonst gäbe es tatsächlich die Hochzeiten aus dem Märchenbuch, mit der die Geschichten enden. Sonst gäbe es keine Scheidungen, keinen Umzug, kein neues Auto, keine neuen Klamotten. Irgendwann macht uns unter Umständen das, was uns glücklich gemacht hat, nicht mehr glücklich und wir suchen nach neuen Dingen, die uns glücklich machen sollen.

Ich erzähle dir da nichts Neues, aber es ist gut, sich klarzumachen, dass wir erstens immer bestrebt sind, uns gut zu fühlen – also glücklich zu sein - und zweitens uns weder Erfahrungen noch Menschen, noch leblose Objekte glücklich machen können. Drittens können wir erkennen, dass Glück ein Gefühl und ein Zustand ist, das in uns entsteht.

Warum macht uns nun eine Person, ein Objekt oder eine Erfahrung manchmal glücklich und manchmal unglücklich? Warum macht uns unser Partner, unser Beruf, unser Geld eine ganze Weile lang glücklich und dann unglücklich?

Der englische Lehrer Rupert Spira drückt es so aus:

„Etwas macht uns glücklich,
weil wir „Ja“ dazu sagen.
Etwas macht uns unglücklich,
weil wir „Nein“ dazu sagen.“

Am Beispiel Ehe wäre das also: Wir sind glücklich in unserer Ehe, weil wir „Ja“ dazu sagen und unglücklich, wenn wir „Nein“ dazu sagen. Eine Sache, der wir zustimmen, macht uns glücklich. Eine Sache, die wir ablehnen, macht uns unglücklich. Das ist verständlich. Wenn ich pleite bin, dann bin ich unglücklich, weil ich den Geldmangel ablehne. Wenn ich dem Geldmangel zustimme, dann bin ich glücklich. Wenn ich meinen Partner liebe („Ja“ zu ihm sage), dann bin ich glücklich. Wenn ich meinen Partner nicht liebe („Nein“ zu ihm sage), dann bin ich unglücklich. Wenn mein neues Auto mich glücklich macht, dann sage ich „Ja“ zu ihm. Wenn es mich nach ein paar Jahren nicht mehr glücklich macht, dann sage ich „Nein“ zu ihm und schaue mich nach einem neuen Auto um.

Rupert Spiras Lösung für immerwährendes Glück ist also folgerichtig „Ja“ zu allem zu sagen, was uns geschieht, was wir erleben, was wir haben. Das ist sehr weise. Widerstand gegen jemanden oder etwas ist nie ein geeignetes Mittel zum Glück, sondern führt uns in innere oder äußere Kämpfe. Akzeptanz und Anerkennung in unsere gelassene Mitte.

Aus eigener Erfahrung weiß ich jedoch, dass eine Philosophie sehr weise und wahr sein kann und dennoch keinen praktischen Wert hat, wenn ich gerade unglücklich bin und nicht die geringste Lust habe, „Ja“ zu meinen äußeren Umständen zu sagen, die ich mit meinem Unglück in unmittelbaren Zusammenhang bringe. Viel lieber konzentriere ich mich darauf, wie ich die äußeren Umstände so verändern kann, dass ich mich wieder gut fühle. Und diese Veränderung beginnt in mir. Ich verändere sozusagen von innen nach außen, bis ich mich wieder gut fühle und meine äußeren Umstände das widerspiegeln. Das ist effektiver als einfach nur „Ja“ zu sagen. Ich sag ganz gern mal „Nein“ und gehe weder in Widerstand noch Ablehnung, sondern in Kreation und Veränderung.

Dieses Wissen um meine Fähigkeit, die Dinge anzuerkennen und dann zu verändern, sorgt für mein Wohlbefinden und mein Glück. Das ist sozusagen mein innerer Kompass, der mich immer wieder in Richtung „Gut fühlen“ gehen lässt. Der mich gelassen macht, der mich froh macht, der mich stark macht.

Ich möchte dich dazu einladen, nicht von dir zu verlangen, immer glücklich zu sein. Wie wäre es stattdessen, wenn du wüsstest, dass du immer wieder glücklich sein kannst? Das macht einen Riesenunterschied und viel weniger Stress. Das

Leben ereignet sich in Wellen. Mal sind wir auf dem Kamm der Welle, mal in einem Wellental. Es ist gut zu wissen, dass wir weder auf dem Kamm der Welle noch in ihrem Tal für immer bleiben. Stattdessen können wir den Ritt genießen.

Stell dir dein Glück wie einen Sternenhimmel vor. Manchmal mögen Wolken ihn verdecken, aber mit unserem Kompass navigieren wir uns durch die Wolken und finden unseren Glücksstern!

Was hindert uns am Glücklichsein?

Während ich dieses Buch schrieb, habe ich eine Umfrage in den sozialen Medien gestartet. Die Frage lautete: "Was ist es, das dich daran hindert, glücklich zu sein?" Bevor du jetzt die Antworten liest, stell dir diese Frage! Was kommt spontan? Was hindert dich daran, glücklich zu sein? Die Antworten, die ich in den fast 700 Kommentaren bekommen habe, waren wenig überraschend. Hier eine Auswahl:

- *Die Widrigkeiten des Lebens, mein Alltag.*
- *Umweltzerstörung.*
- *Meine Gedanken, meine Erwartungen, meine Gefühle. Alles kommt aus der Vergangenheit, an die ich mich gedanklich hänge und dann geht es wieder von vorne los.*
- *Meine Trägheit und meine Angst, anderen zur Last zu fallen.*
- *Die Corona-Maßnahmen, die Spaltung der Gesellschaft, mein Umfeld.*
- *Angst vor Enttäuschung und Ablehnung.*
- *Ich selbst.*
- *Sorgen um Angehörige.*
- *Die Politik.*
- *Meine Gedanken oder falsche Vorstellungen, Verhaltensmuster. Also hindert man sich immer selbst an seinem Glück.*
- *Die Angst zu scheitern.*
- *Das tiefsitzende Gefühl, kein gutes Leben verdient zu haben.*

- *Mein Kopf, meine Gedanken.*
- *Meine Angst, dass glücklich sein bestraft werden könnte.*
- *Geld verdienen zu müssen.*
- *Das Gefühl von Verantwortung für alles und jeden. Außerdem Angst.*
- *Ablenkung und Pflichten, die alle von außen kommen und denen ich gestatte, in mein Bewusstsein einzudringen. Das Abgrenzen und „Nein“ sagen ist eine Herausforderung für mich.*
- *Mein Misstrauen.*
- *Meine "negativen" Gedanken.*
- *Der Haushalt! Diese repetitive, unsichtbare, undankbare, nie erledigte Sisyphos-Arbeit.*
- *Ich habe Angst vor dem, was andere über mich denken könnten.*
- *Meine Gedanken und Erwartungen.*
- *Wie kann ich glücklich sein, wenn es die anderen um mich herum nicht sind? Das verursacht ein Schuldgefühl in mir.*
- *Körperliche Schmerzen.*
- *Mich mit anderen zu vergleichen.*
- *Alte Verletzungen.*
- *Mangelnde Selbstliebe, mangelndes Vertrauen.*
- *Mein Kopf und das Gedankenkarussell.*
- *Die Sehnsucht nach Momenten der Vergangenheit und der Vergleich zum Jetzt.*
- *Ich "zerdenke“ alles, statt dass ich mich "hindenke“ und ich habe Erwartungen, zum Beispiel in meiner Partnerschaft und ich bin unglücklich, wenn sie sich nicht oder nicht zeitnah erfüllen. Ich "sehe" dann auch nur scheuklappenmäßig genau das und dann fange ich wieder an zu "zerdenken“.*

- *Meine Arbeit.*
- *Wenn es zu gut läuft, dann hab' ich Angst, dass es so nicht weitergehen kann. Dann bin ich lieber gleich unglücklich, damit ich darauf vorbereitet bin, wenn es dann tatsächlich nicht mehr gut läuft.*
- *Selbstkritik.*
- *Meine Gedanken, dieses pausenlose Nachdenken über Menschen, Situationen. Was sie denken könnten, warum und wieso etwas so ist, wie es ist und was ich hätte anders machen können.*
- *Zu viele Gedanken und die ewige Anspannung.*
- *Eingesperrt sein. So wie jetzt mit den Corona Maßnahmen.*
- *Selbstzweifel.*
- *Angst.*
- *Wenn ich kurz darüber nachdenke, dann bin ich es meistens selbst. Ich könnte mehr loslassen und vieles sich selbst regeln lassen.*
- *Stress - manchmal im Außen - und ich übernehme ihn unbewusst. Manchmal mache ich mir Druck und dann ist er in mir. In diesem Zustand bin ich nicht im Flow und dann sehe ich all die wundervollen Dinge nicht.*
- *Dass ich auf andere Rücksicht nehmen muss.*
- *Die alten Gewohnheiten.*
- *Fehlende Partnerschaft.*
- *Stress im Job.*
- *Mein Kopf, der immer für alles eine Lösung sucht, um glücklich zu sein. Anstatt es einfach zu sein. Obwohl mir gerade alles den Boden unter den Füßen wegzuziehen scheint.*
- *Spontan kam "das Außen", das Drumherum. Das Ego, also der „Quatschi" in meinem Kopf.*

- *Bei mir ist es Geldmangel, mangelnder Selbstwert und nicht loslassen können. Also alte Muster.*
- *Verlustangst.*
- *Meine Kindheit, meine Vergangenheit, mangelnde Selbstliebe und mangelnde Disziplin.*
- *Die Menschen um mich herum. Ich muss immer an sie denken und für sie da sein.*
- *Angst und Schuldgefühle.*
- *Schlechtes Gewissen und Angst.*
- *Einsamkeit.*
- *Nicht loslassen können.*
- *Die Anderen.*

Hast du bei einigen Antworten genickt? Oder gelacht, weil dir die Aussagen so bekannt vorkamen? Wir funktionieren alle ähnlich. Wir schauen uns um und sehen alle möglichen Gründe, warum wir nicht glücklich sein können. Die Anderen und die Umstände sind verantwortlich für unser Unglück und natürlich haben wir auch selbst irgendwie Schuld, weil wir etwas „falsch" machen. Kurz gesagt: was uns unglücklich macht, finden wir in uns und um uns herum. Das Innen und das Außen hat die Macht, unser Glück zu verhindern. Wenn wir ihm die Macht geben, nicht wahr? In diesem Buch beschäftigen wir uns damit, wie wir unsere Macht behalten können, damit weder das Innen noch das Außen unser Glück verhindern.

Über die Autorin

Gabriele Liesenfeld ist in Deutschland geboren und lebt seit vielen Jahren in ihrem idyllischen Haus in Niederösterreich. Sie ist Autorin von Ratgebern und Kinderbüchern, Seminarleiterin und Coach für Menschen, die ihr Leben verändern wollen. In ihrer langjährigen Praxis hat sie immer wieder erlebt, wie wir aus unseren alten Mustern aussteigen und jeden Lebensbereich neu gestalten können, wenn wir unsere negativen Glaubenssätze erkennen und durch positive ersetzen. Innere Ruhe und eine gelassene Perspektive auf die Welt sind dabei wichtig. Und der Glaube daran, dass wir etwas verändern können. Ihre Bücher helfen dabei, diese Qualitäten zu erlangen.

Von Gabriele Liesenfeld bereits erschienen

Gelassenheit zum Mitnehmen
Zitate, Weisheiten und ,Texte für deinen inneren Frieden
Taschenbuch ISBN: 978-3-9505294-6-3
Hardvover ISBN: 978-3-9505294-7-0

Du musst nicht glücklich sein ... aber du kannst!
Mein Glückskompass zum besser Fühlen und für's Finden von Selbstliebe, Freude, Achtsamkeit und Frieden in dir.
Taschenbuch ISBN: 978-3-9505125-6-4
Hardvover ISBN: 978-3-9505125-7-1

Meine Reise zur Gelassenheit
Das 1 x 1 für innere Ruhe und Loslassen von Stress und negativen Gedanken.
Gelassenheit lernen mit dem Rundum-Entspannt-Buch für ein bewusstes Leben
ISBN Taschenbuch: 978-3-9505125-0-2
ISBN Hardcover: 978-3-9505125-1-9

Erfolgreich beginnt im Kopf!
Die Kunst, Gedanken zu verwalten.
Das 21-Tage-Programm für ein neues Leben
ISBN Taschenbuch: 979854154870
ISBN Hardcover: 978-3-754143-66-7

Endlich Glück in der Liebe
Wie du deine Traumpartnerschaft manifestierst
ISBN: 9798634420219
Auch als Hörbuch erhältlich

Du und deine wundervolle Vorstellungskraft
Wie du das manifestierst, was du sein und haben willst
ISBN: 9781713369547
Auch als Hörbuch erhältlich

Vorstellungskraft und die Magie der Frage
Wie du Fragen stellst, die neue Möglichkeiten eröffnen
ISBN: 9781691592913

Vorstellungskraft und Revision nach Neville Goddard:
Ein Handbuch zum Manifestieren
ISBN: 9781099123450
Auch als Hörbuch erhältlich

Liebevolle Gedanken für ein ganzes Jahr
Inspirierende Herzensgeschenke für dich, deine Familie und
deine Freunde
ISBN: 9781671761261

Einmal Hütte und zurück
Tagebuch einer Einsiedel-Woche
ISBN: 9781792032547

Kinderbücher:

Die kleine Eule ändert ihre Meinung
Das bunte Reime-Bilderbuch, das Kindern hilft, den eigenen Gefühlen zu vertrauen. Damit sie lernen, Grenzen zu setzen, die ihnen gut tun. Kinderbuch ab 4 Jahren.
Taschenbuch ISBN: 978-3-9505294-8-7

Mein wunderbares Weihnachtsbuch
24 weihnachtliche Adventsgeschichten, 24 lustige Gedichte, 24 liebevolle Tipps für den Adventskalender
Taschenbuch ISBN: 978-3-9505294-5-6
Hardcover ISBN: 978-3-9505294-4-9

Traumreisen für wunderbare Mädchen
Geschichten und Fantasiereisen für Mädchen ab 5 zum friedlich Einschlafen und fröhlich Aufwachen
Taschenbuch ISBN: 978-3-9505294-0-1
Hardcover ISBN: 978-3-9505294-1-8

Traumreisen für wunderbare Jungs
Geschichten und Fantasiereisen für Mädchen ab 5 zum friedlich Einschlafen und fröhlich Aufwachen
Taschenbuch ISBN: 978-3-9505294-2-5
Hardcover ISBN: 978-3-9505294-3-2

Mama, Papa ... wie passiert Krieg?
Das Kinderbuch, das den Krieg erklärt. Eine Elfengeschichte und ein Experten-Ratgeber für Eltern. Mit einer Traumreise für Kinder gegen Angst.
Taschenbuch ISBN: 978-3-9823594-8-9
Hardcover ISBN: 978-3-9823594-9-6
Auch in Ukrainisch erhältlich

Du bist der allergrößte Schatz ... ein grandioser Junge!
Mutmachbuch für tolle Jungs. Motivierende Geschichten für mehr Selbstvertrauen und innere Stärke.
Taschenbuch ISBN: 978-3982359441
Hardcover ISBN: 978-3982359458

Du bist der allergrößte Schatz ... ein grandioses Mädchen!
Mutmachbuch für tolle Mädchen. Motivierende Geschichten für mehr Selbstvertrauen und innere Stärke.
Taschenbuch ISBN: 978-3982359465
Hardcover ISBN: 978-3982359472

Floffl und Flo
Ein Mutmachbuch zum Wünsche erfüllen und besser Fühlen. Geschichten von magischen Tieren, Mut, Selbstvertrauen und Freundschaft
Taschenbuch ISBN: 978-3-9505125-8-8
Hardcover ISBN: 978-3-9505125-9-5

Traumreisen für wunderbare Kinder
Entspannungsgeschichten und Fantasiereisen zum friedlich Einschlafen und fröhlich Aufwachen.
Taschenbuch ISBN: 978-3-9505125-4-0
Hardcover ISBN: 978-3-9505125-5-7

Drachenhelden – Die magische Kraft des grünen Drachens
Kinderbuch ab 5 Jahren für Jungen und Mädchen
ISBN: 9783982359403

Der kleine Dino Klaps schafft das!
Abenteuer aus dem Dinosaurierland für Mädchen und Jungs
ISBN: 9798506857396

Die kleine Hexe Mimimi in der Zauberschule
Lustiges Kinderbuch für Schulanfänger und Schulkinder
ISBN: 9798723588646

Der Möllmännchenmann und das Tausendtürenland
Kurzgeschichten zum Mutmachen und Trösten
ISBN: 9798724138635

Haftungsausschluss

Der Inhalt dieses Buches wurde mit großer Sorgfalt geprüft und erstellt. Für sämtliche Inhalte kann jedoch keine Garantie übernommen werden. Dies gilt weder für die Richtigkeit, Vollständigkeit, noch Aktualität der Inhalte. Alle enthaltenen Informationen basieren lediglich auf der eigenen Meinung und persönlichen Erfahrung des Autors. Der Inhalt darf keinesfalls als medizinische Hilfe gesehen werden. Für selbstverursachte Schäden und Fehlhandlungen des Lesers wird daher keine juristische Haftung seitens des Autors übernommen. Zudem garantiert der Autor keinerlei Erfolge mit dem im Buch erwähnten Informationen, da diese wie oben genannt, nur auf der persönlichen Erfahrung des Autors basieren und lediglich als Unterhaltung dienen sollen. Die Verantwortung für die im Buch beschriebenen Ziele liegt einzig und allein beim Leser selbst. Gleichzeitig wird keine Haftung für die im Buch angegebenen Quellen übernommen. Für deren Inhalte ist einzig und allein der jeweilige Autor verantwortlich, weshalb der Autor automatisch von einer Haftung ausgeschlossen ist.

Urheberrecht

Printed in Poland
by Amazon Fulfillment
Poland Sp. z o.o., Wrocław

20328940R00097